사회평론

글 사회평론 과학교육연구소
대학에서 오랫동안 과학을 연구한 전문가들이 모여, 우리 아이들이 쉽고 재미있게 공부할 수 있는 책을 만들고 있습니다.

글 설정민 (사회평론 과학교육연구소 연구원)
서울대학교 생물학과를 졸업하고 같은 대학교 대학원에서 석사 학위를 받은 뒤 박사 과정을 수료하였습니다. 아이에게 과학을 쉽고 재미있게 얘기해 주려 노력하다 보니 어린이를 위한 책을 만드는 일에도 관심을 가지게 되었습니다. 현재 사회평론 과학교육연구소 연구원으로 과학책을 만들고 있습니다.

글 김형진 (사회평론 과학교육연구소 연구원)
연세대학교 천문대기과학과를 졸업하고 같은 대학교 대학원에서 석사, 박사 학위를 받았습니다. 과학자를 꿈꾸는 아이들에게 올바른 과학 개념과 과학적 태도를 함께 키울 수 있는 방법을 전달하기 위해 노력하고 있습니다. 현재 사회평론 과학교육연구소 연구원으로 과학책을 만들고 있습니다.

글 이명화 (사회평론 과학교육연구소 연구원)
서울대학교 물리교육과를 졸업하고 같은 대학교 대학원에서 석사, 박사 학위를 받았습니다. 10여 년간 중학교에서 과학을 가르쳤으며, 미국 아리조나 주립대에서 물리학으로 박사 학위를 받고 독일, 미국, 영국에서 연구원으로 근무하였습니다. 쉽고 재미있는 과학책을 쓰는 일에 관심을 갖고 있으며, 현재 사회평론 과학교육연구소 연구원으로 과학책을 만들고 있습니다.

글 이현진 (사회평론 과학교육연구소 연구원)
상명대학교에서 생물학과를 졸업하고 열린사이버대학교에서 심리학을 공부했습니다. 서울의대유전체의학연구소에서 연구원으로 있었으며, 와이즈만영재교육연구소와 아이스크림미디어에서 다수의 과학콘텐츠를 개발했습니다.

그림 조현상 (매드푸딩스튜디오)
미국 필라델피아에서 U-Arts를 졸업했습니다. 한국과 미국에서 동화, 일러스트레이션, 만화 등 다양한 작업을 하고 있습니다.
mad-pudding.com | instagram.com/madpuddingstudio

그림 뭉선생
2004년 LG 동아 국제만화 공모전에 입상하며 작품 활동을 시작했습니다. 그린 책으로《조지의 우주를 여는 비밀 열쇠》시리즈,《용선생 만화 한국사》시리즈,《용선생 처음 한국사》시리즈,《용선생 처음 세계사》시리즈 등이 있습니다.

그림 윤효식
2002년《소년 챔프》에〈신검〉으로 데뷔하여 어린이에게 유익한 학습 만화를 그리고 있습니다. 그린 책으로《마법천자문 사회원정대》시리즈,《용선생 만화 한국사》시리즈,《용선생 처음 한국사》시리즈,《용선생 처음 세계사》시리즈 등이 있습니다.

감수 박재근
서울대학교 생물교육과를 졸업하고 같은 대학교 대학원에서 과학교육 전공으로 석사, 박사 학위를 받았습니다. 생물교육과 환경교육을 주로 연구하고 있으며, 중학교, 고등학교 교사를 거쳐 현재 경인교육대학교 과학교육과 교수로 재직 중입니다. 2015 개정 교육과정의 중학교 과학교과서, 초등학교 과학교과서를 함께 저술하였습니다.

캐릭터 이우일
홍익대학교에서 시각디자인을 공부한 만화가입니다. 그림책 작가인 아내 선현경, 딸 은서, 고양이 카프카와 함께 그림을 그리고 글을 쓰며 살고 있습니다. 지은 책으로《우일우화》,《옥수수빵파랑》,《좋은 여행》,《고양이 카프카의 고백》등이 있고, 그린 책으로《노빈손》시리즈,《용선생의 시끌벅적 한국사》시리즈,《교양으로 읽는 용선생 세계사》시리즈 등이 있습니다.

용선생의 시끌벅적 과학교실

호흡과 순환

글 사회평론 과학교육연구소 | 그림 조현상·뭉선생·윤효식 | 감수 박재근 | 캐릭터 이우일

엉덩이에 맞은 주사약은 어디로?

사회평론

프롤로그

여러분, 안녕? 과학반을 맡은 용선생이야. 내 명성은 익히 들어 봤겠지? 역사반과 세계사반을 모두 훌륭하게 성공시키며 방과 후 교실 최고의 인기 교사가 된 그 용선생이란다. 교장 선생님께서 특별히 부탁하셔서 이번에는 과학반을 맡게 되었어. 어찌나 사정을 하시던지 도무지 거절할 수가 없었지 뭐야. 그래서 이 몸이 깜짝 놀랄 수업을 준비했단다.

우리의 수업은 언제나 질문과 함께 출발해. 세상을 둘러보다가 누군가 "저건 왜 그래요?" 하고 질문하면 바로 그 순간 수업이 시작되는 거지. 이제부터 용선생의 시끌벅적 과학교실을 제대로 즐기는 방법을 하나씩 알려 줄게.

첫째, 과학반 친구들과 함께 호기심을 갖고 질문해 봐. 과학을 어렵게만 생각하지 말고, 매 교시마다 아이들이 어떤 호기심을 가지는지 관심을 가져 봐. 과학반 친구들과 함께 '왜 그럴까?', '어떻게 알아낼 수 있을까?' 고민하다 보면 어렵던 과학도 쉽게 느껴질 거야.

둘째, 어려운 내용은 사진과 그림으로 이해해 봐. 어려운 과학 개념과 원리를 한 장의 사진이나 그림을 통해 단숨에 이해할 수도 있어. 그래서 너희를 위해 사진과 그림을 많이 준비했단다. 글을 읽다가 어렵다 싶으면 옆에 있는 사진과 그림을 봐. 잘 이해되지 않던 내용이 틀림없이 술술 이해될 거야.

셋째, 배운 내용을 되새기며 머릿속에 정리해 봐. 왁자지껄한 수업을 마치고 나면 뭘 배웠는지 정리가 안 될 때도 있을 거야. 그럴 때를 대비해 중간중간 핵심 정리를 준비했어. 또 배운 내용을 4컷 만화로 재미있게 요약해 두었지. 게다가 교시가 끝날 때마다 나선애의 정리노트도 마련했단다. 이 정도면 학습 정리는 문제없겠지?

과학은 분야도 다양하고 배울 내용도 아주 많아. 쉽게 이해할 수 있는 부분도 있지만, 여러 번 곰곰이 생각해 봐야 알 수 있는 부분도 있지. 이 책을 여러 번 다시 읽다 보면 구석구석 빠짐없이 모두 이해될 거야.

자, 이제 용선생의 시끌벅적 과학교실을 제대로 즐길 준비가 됐겠지? 그럼 신나는 수업을 시작해 볼까?

차례 | 호흡과 순환

1교시 | 호흡 기관

코로 들어온 공기는 어디로 갈까?

코는 무슨 일을 할까? … 13
목에서 일어나는 일은? … 17
폐는 어떻게 생겼지? … 21

나선애의 정리 노트 … 26
과학퀴즈 달인을 찾아라! … 27
용선생의 과학 카페 … 28
  - 기침과 재채기의 차이는?

교과연계
초 6-2 우리 몸의 구조와 기능
중 2 동물과 에너지

3교시 | 세포 호흡

달릴 때 숨이 가빠지는 까닭은?

산소의 몸속 여행 … 48
호흡으로 생기는 것은? … 52
산소가 부족해지면 어떻게 될까? … 55

나선애의 정리 노트 … 58
과학퀴즈 달인을 찾아라! … 59

교과연계
초 6-2 우리 몸의 구조와 기능
중 2 동물과 에너지

2교시 | 호흡 운동

많은 촛불을 한 번에 불어 끄려면?

폐는 어떻게 움직일까? … 33
어떻게 폐로 공기가 드나들까? … 36
더 많은 공기를 드나들게 하려면? … 39

나선애의 정리 노트 … 42
과학퀴즈 달인을 찾아라! … 43
용선생의 과학 카페 … 44
  - 스스로 호흡할 수 없을 때에는?

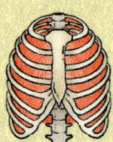

교과연계
초 6-2 우리 몸의 구조와 기능
중 2 동물과 에너지

4교시 | 혈액

어린이가 헌혈을 할 수 없는 까닭은?

혈액은 무엇으로 이루어져 있을까? … 63
혈액이 하는 또 다른 일은? … 66
헌혈은 아무나 할 수 없어! … 69

나선애의 정리 노트 … 72
과학퀴즈 달인을 찾아라! … 73
용선생의 과학 카페 … 74
  - 잠수를 오래 하는 비결은?

교과연계
초 6-2 우리 몸의 구조와 기능
중 2 동물과 에너지

6교시 | 혈관

팔에 맞은 주사약은 어디로 갈까?

혈관에 여러 종류가 있다고? … 96
혈액이 거꾸로 흐르는 걸 막으려면? … 100
온몸의 세포와 만나는 혈관은? … 104

나선애의 정리 노트 … 108
과학퀴즈 달인을 찾아라! … 109

교과연계
초 6-2 우리 몸의 구조와 기능
중 2 동물과 에너지

5교시 | 심장

혈액은 어떻게 온몸을 돌까?

심장은 어떻게 생겼을까? … 79
심장은 이렇게 움직여! … 82
다시 돌고, 돌고, 돌아! … 86

나선애의 정리 노트 … 90
과학퀴즈 달인을 찾아라! … 91
용선생의 과학 카페 … 92
  - 심장에 전기가 흐른다고?

교과연계
초 6-2 우리 몸의 구조와 기능
중 2 동물과 에너지

가로세로 퀴즈 … 110
교과서 속으로 … 112

찾아보기 … 114
퀴즈 정답 … 115

등장인물

용쓴다 용써!
용선생

체력 ★★★
지력 ★★★★★
감성 ★★★
호기심 ★★★★★
유머 ★★

열정이 가득한 과학 선생님. 하늘을 향해 거침없이 솟은 머리카락과 삐죽삐죽한 수염이 매력 포인트. 생생한 과학 수업을 하기 위해 물불을 가리지 않는다.

장하다 장해!
장하다

체력 ★★★★★
지력 ★
감성 ★★★
호기심 ★★★★★
유머 ★★★★★

'튼튼하게만 자라 다오.'라는 아버지의 소원대로 튼튼하게 자랐다. 성격은 일등, 성적은 비밀이다. 시험을 못 봐도 씩씩하고, 엉뚱한 질문으로 수업에 활력을 준다.

오늘도 나선다!
나선애

체력 ★★★★
지력 ★★★★
감성 ★★★
호기심 ★★★★★
유머 ★★★

과학자를 꿈꾸는 우등생. 공부도 잘하고 아는 게 많아서 모든 일에 앞장서는 타입이다. 겉으로는 차가워 보이지만 내심 따뜻한 면도 가지고 있다. 전혀 티가 안 나서 그렇지.

잘난 척 대장
왕수재

체력 ★★★
지력 ★★★★
감성 ★
호기심 ★★★★★
유머 ★

세상에서 자기가 제일 잘난 줄 안다. '천재는 외로운 법이고 질투의 대상인 법'이라나. 친구들에게 깐족거리는 데에도 천재적이다. 그래도 수업에는 늘 적극적으로 참여한다.

낭만 가득
허영심

체력 ★★★★★
지력 ★★★
감성 ★★★★★
호기심 ★★★★★
유머 ★★

감성이 풍부해도 너무 풍부하다. 떨어지는 낙엽이나 밤하늘의 별을 보며 눈물짓고, 조그만 벌레와 대화를 나누는 사차원 성격. 하지만 누구보다 정이 많고 낭만적이다.

과학반 귀염둥이
곽두기

체력 ★★★
지력 ★★★★
감성 ★★★★
호기심 ★★★★★
유머 ★★★★

형과 누나들의 귀여움을 독차지하는 과학반 막내. 나이도 가장 어리고 타고난 동안이라 언뜻 보면 유치원생 같다. 훈장 할아버지 덕에 어려운 단어를 줄줄 꿰고 있다.

우리를 찾아봐!

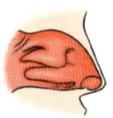

코
몸속으로 공기가 드나드는 출입구이자 통로 역할을 하는 곳이야.

기관
코와 폐 사이에서 공기가 지나가는 통로 역할을 하는 곳이야.

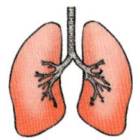

폐
산소를 혈액에 공급하고 이산화 탄소를 몸 밖으로 내보내는 곳이야.

적혈구
혈액 속에 있는 세포 중 한 종류로, 온몸에 산소를 운반해.

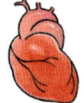

심장
온몸으로 혈액을 뿜어 보내는 기관이야.

동맥
심장에서 나가는 혈액이 흐르는 혈관이야.

1교시 | 호흡 기관

코로 들어온 공기는 어디로 갈까?

사람 얼굴 모형이다!

그런데 콧속이 되게 넓어!

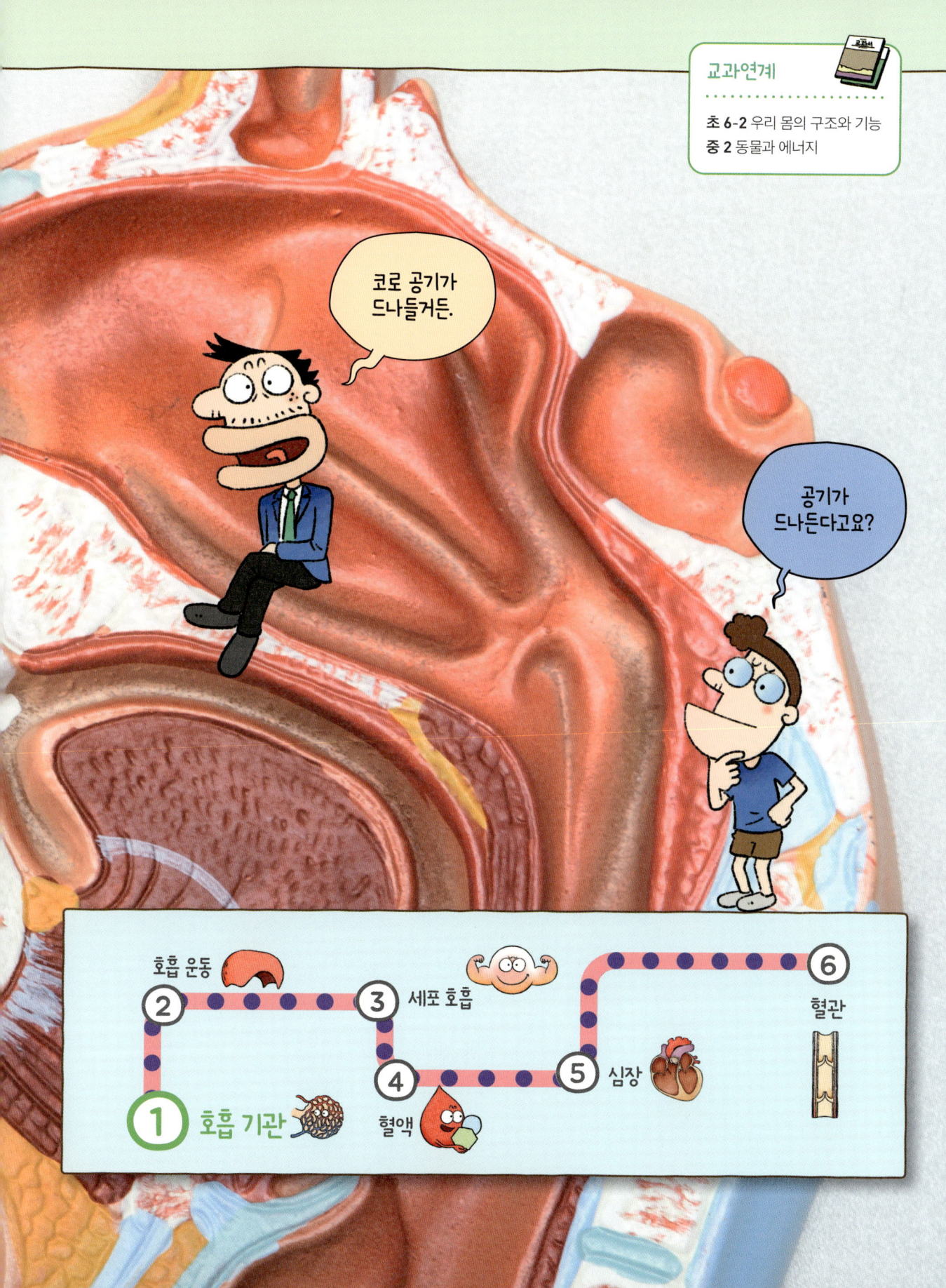

"장하다! 코 그만 파. 설마 코딱지를 먹으려는 건 아니지?"

과학실에 들어선 허영심이 외치자 장하다가 손가락을 내보였다.

"내가 어린애인 줄 알아? 코딱지를 먹진 않아. 크기가 커서 구경했어."

"어휴, 더러워. 대체 코는 왜 파는 거야?"

"코에 자꾸만 손이 가. 코가 없으면 코를 팔 일도 없을 텐데……."

그때 용선생이 빙긋 웃으며 다가와 장하다에게 휴지를 건넸다.

"하하, 코가 없으면 살 수 없어. 코는 우리 몸에 꼭 필요한 일을 하는 곳이야. 그러다 코딱지도 생기는 거고."

"코가 무슨 일을 하는데요?"

# 코는 무슨 일을 할까?

왕수재가 재빨리 손을 올리며 말했다.

"전 알아요. 코로 냄새를 맡아요!"

"맞아. 그런데 냄새를 맡는 건 코가 하는 여러 가지 일 중 하나일 뿐이란다. 코가 하는 가장 중요한 일은 따로 있다는 사실!"

"그게 뭔데요?"

"바로 숨을 쉬는 일이야. 사람은 살아 있는 동안 끊임없이 숨을 쉬어. 숨쉬기를 그만두면 죽고 말거든. 그래서 사람이 죽으면 흔히 '숨을 거두었다.'라고 하지. 숨을 내쉬고 들이쉬는 걸 호흡이라고 해."

"아하, 그러고 보니 코로 숨을 쉬네요. 코가 하는 가장 중요한 일이 호흡인가요?"

"맞아. 우리 몸에서 호흡을 담당하는 부분을 호흡 기관이라고 해. 코는 호흡 기관 중 하나야. 호흡할 때 몸 안팎으로 공기가 드나드는 출입구이자 통로 역할을 하지. 코에서 일어나는 일을 조금 더 살펴볼까?"

"네, 좋아요."

"코로 공기가 들어올 때 냄새가 나는 물질은 물론이고,

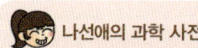 **나선애의 과학 사전**

호흡 내쉴 호(呼) 들이쉴 흡(吸). 숨을 내쉬고 들이쉬는 걸 말해.

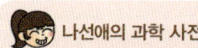 **나선애의 과학 사전**

기관 도구 기(器) 일 관(官). 생물의 몸 안에서 일정한 모양을 가지고 정해진 일을 담당하는 부분을 말해.

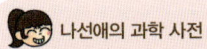
나선애의 과학 사전

세균 아주 작아서 눈으로 볼 수 없는 미생물의 한 종류야. 다른 생물의 몸에 들어가 병을 일으키기도 하고, 죽은 생물의 몸을 썩게 만들기도 해.

공기에 떠다니는 먼지나 꽃가루, 세균 같은 이물질도 함께 들어와."

"헉, 그런 게 몸에 들어오면 안 좋을 텐데 어떡하죠?"

"그래서 콧구멍에 코털과 콧물이 있는 거야. 이물질은 코털에 걸리고 끈적한 콧물에 붙어서 걸러져. 이게 점점 커지고 말라붙으면 코딱지가 되지."

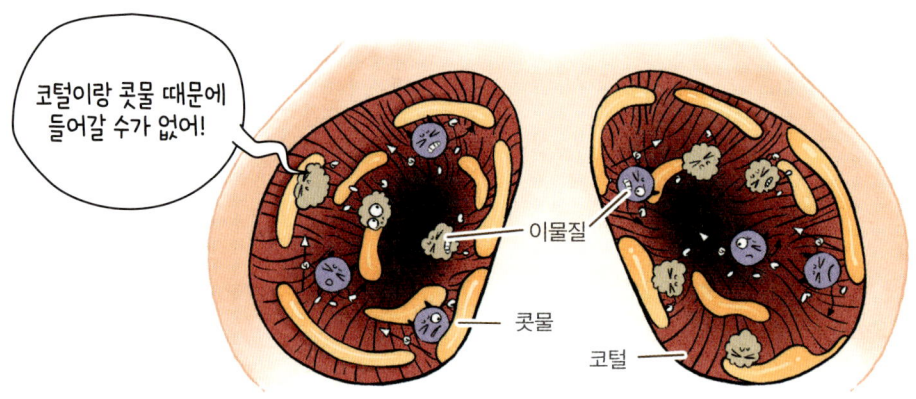

▲ 코털과 콧물에 공기 속 이물질이 달라붙어 코딱지가 돼.

"으악! 코딱지가 그렇게 더러울 줄이야! 이제 코딱지 안 팔래요."

"하하. 잘 생각했어, 하다야. 콧구멍을 지나면서 깨끗해진 공기는 콧속으로 들어가."

"흠, 콧속까지 본 적은 없어요. 콧속은 어떻게 생겼어요?"

"콧속은 콧구멍보다 훨씬 넓어. 이 그림을 보렴."

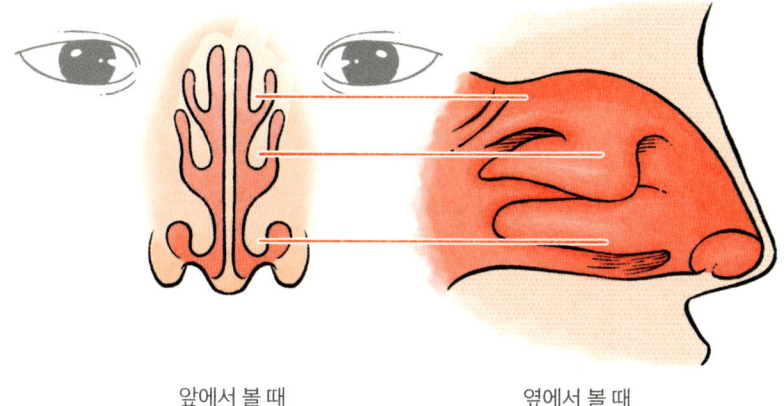

앞에서 볼 때   옆에서 볼 때

▲ **콧속 모습** 주먹만 한 크기의 콧속 빈 공간은 좌우 두 곳으로 나뉘어 있어. 두 공간에는 각각 세 개의 뼈가 선반처럼 늘어서 있어.

용선생이 화면에 그림을 띄우자 허영심이 외쳤다.

"우아! 콧속이 정말 넓네요! 게다가 꽤 복잡하게 생긴 것 같아요."

"영심이가 잘 봤어. 콧속은 뻥 뚫려 있지 않고, 구불구불하게 갈라져 있지. 콧속으로 들어온 공기는 구불구불한 통로를 지나면서 우리 몸속과 비슷한 온도로 데워진단다."

"코에서 공기가 데워진다고요?"

"응. 우리 몸은 보통 36℃에서 38℃ 사이의 체온을 유지하고 있지만, 바깥 공기는 우리 몸보다 온도가 낮아서 훨씬 차가워. 차가운 공기는 콧속을 통과하면서 콧속 피부로부터 열을 얻어 따뜻해진 다음 몸속으로 들어가. 이때 콧

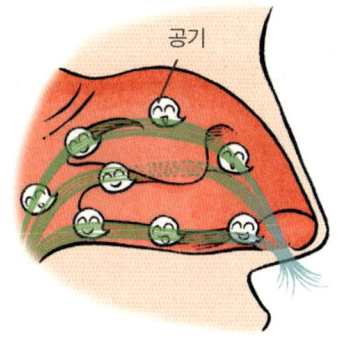

▲ 공기는 구불구불한 코 안쪽을 통과해.

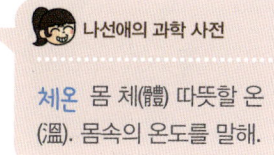

나선애의 과학 사전

체온 몸 체(體) 따뜻할 온(溫). 몸속의 온도를 말해.

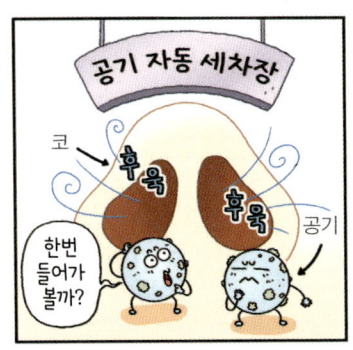

속 피부는 공기에 열을 빼앗겨서 차가워지지."

"아하, 그래서 한겨울에 코가 자주 시렸군요!"

"맞아. 또 콧속 피부도 콧구멍처럼 콧물로 덮여 있어. 그래서 건조한 공기가 들어와도 콧속을 지나면서 물기를 머금고 촉촉해진단다."

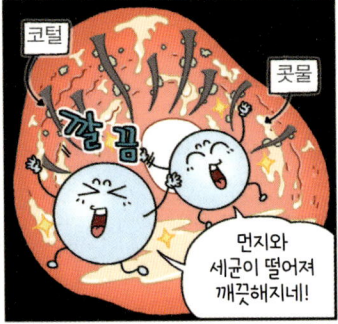

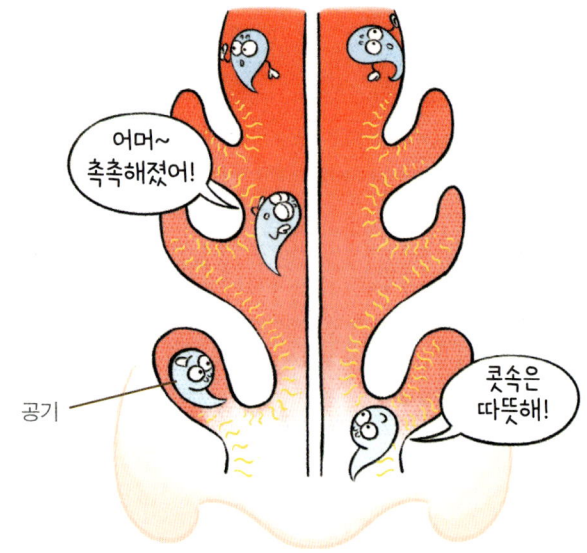

▲ 콧속을 지나는 공기의 변화

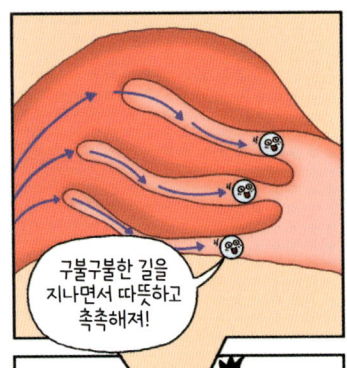

"와, 공기가 콧속을 지나면서 따뜻하고 촉촉해지네요!"

"또 깨끗해지기도 하고요! 코는 꼭 자동 세차장 같아요."

 핵심정리

숨을 내쉬고 들이쉬는 걸 호흡이라고 해. 코로 들어온 공기는 코털과 콧물 덕분에 먼지와 세균 등이 걸러져. 그리고 콧속을 통과하면서 우리 몸의 체온과 비슷해지고 촉촉해져.

목에서 일어나는 일은?

"하하, 그렇지? 자, 이제 콧속을 통과한 공기를 따라가 볼까? 콧속을 지난 공기는 목구멍으로 가. 목구멍은 입과 코에서 나온 통로가 하나로 합쳐지는 곳이야."

곽두기가 일어나 물었다.

"선생님, 근데 입으로도 공기가 들어오지 않나요? 감기 걸려서 코가 막히면 입으로 숨을 쉬잖아요."

"오, 맞아! 음식을 먹거나 말할 때 입으로도 공기가 들어오지. 코와 입으로 들어온 공기는 목구멍에서 만나 합쳐져. 그런데 목구멍은 공기뿐만 아니라 입으로 들어온 음식물도 지나가. 이 그림을 보렴. 목구멍으로 들어온 음식물은 식도라는 통로로, 공기는 기관이라는 통로로 지나가지."

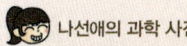

나선애의 과학 사전

식도 음식 식(食) 길 도(道). 음식물이 지나는 통로야. 목에서 위까지 이어져 있어.

기관 공기 기(氣) 대롱 관(管). 코와 폐 사이에 있는 관으로, 공기가 지나가는 통로야.

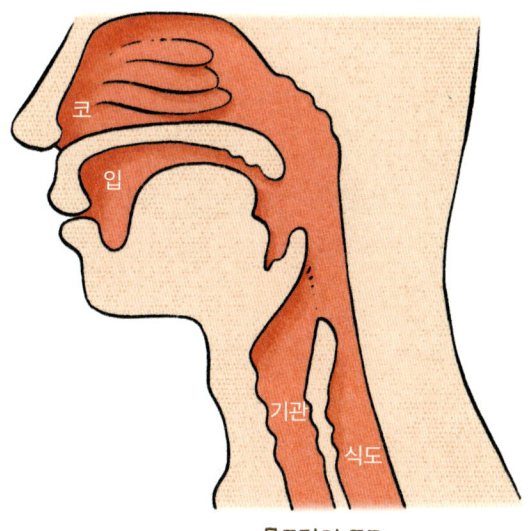

▲ 목구멍의 구조

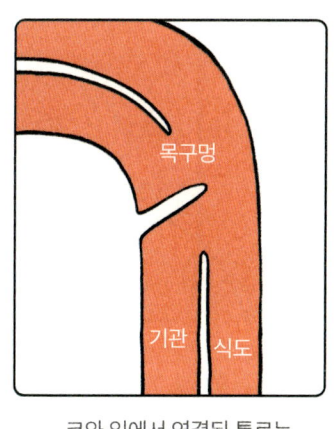

코와 입에서 연결된 통로는 목구멍에서 합쳐져.

"어? 식도랑 기관으로 가는 길이 모두 뚫려 있네요? 자칫하면 음식물이 기관으로 가고, 공기가 식도로 갈 수도 있겠어요!"

"수재가 잘 지적했어. 공기가 식도로 들어가면 트림이나 방귀로 나오니 별 문제가 없지만, 음식물이 기관으로 들어가 통로를 막으면 호흡을 못 하게 될 수도 있지."

"잉? 그러면 어떻게 해요?"

"걱정 마! 이런 일을 막기 위해서 음식물이 지나갈 때 목구멍에 있는 덮개가 기관의 입구를 막아."

"헉! 그럼 음식물을 삼키는 동안 숨을 못 쉬잖아요."

"괜찮아. 음식물이 목을 통과하는 시간은 매우 짧거든."

"만약에 음식물이 기관으로 들어가면 어떻게 돼요?"

"그런 경우 저절로 격렬한 기침이 나와서 음식물이 폐로

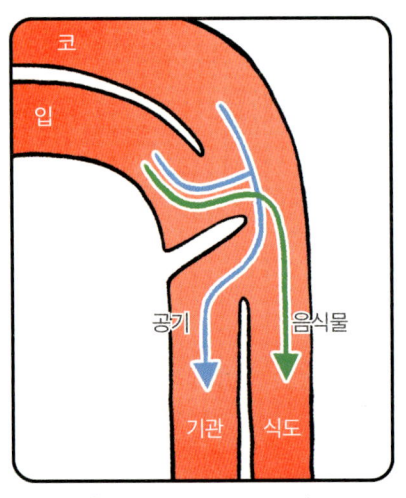

▲ 음식물과 공기가 지나가는 길

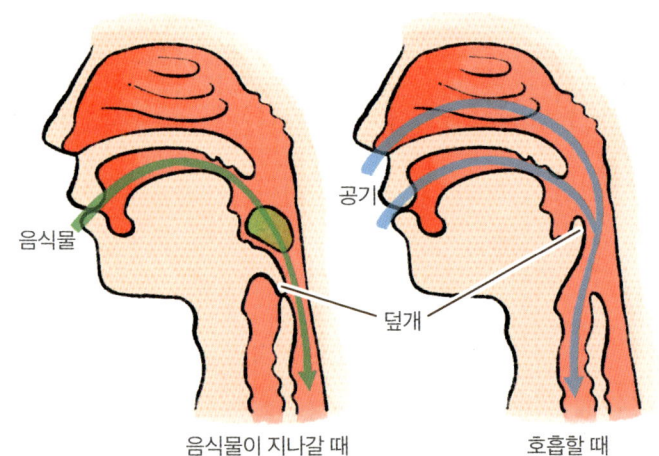

넘어가는 걸 막아 줘. 이걸 흔히 사레들린다고 해. 다들 한 번쯤 경험해 봤지?"

다들 고개를 끄덕이는데, 나선애가 손을 들었다.

"목 안에서 다 연결되어 있으니까 입으로도 숨을 쉴 수 있는 거네요. 그런데 입으로 숨 쉬면 목이 좀 아프던데요."

"그래. 입에는 콧속과 같은 장치가 없어서 차갑고 건조한 공기가 그대로 목구멍을 지나가. 그래서 입으로만 숨을 쉬면 금세 목이 아프지."

"그럼 입으로 들어온 공기에 있는 먼지나 세균도 그대로 기관에 들어가겠네요?"

"다행히 기관에도 먼지와 세균을 거르는 장치가 있단다. 기관을 자세히 살펴볼까?"

▲ **사레들렸을 때** 음식물이 기관으로 들어가면 저절로 격렬한 기침이 나와서 음식물이 식도나 입으로 넘어가.

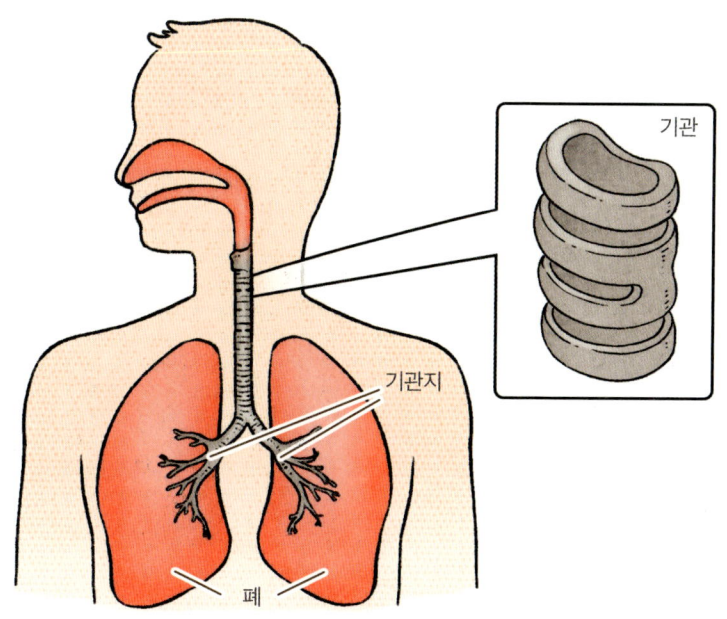

◀ **기관과 기관지** 기관은 좌우로 나뉘어진 기관지와 연결돼. 기관지는 다시 폐 속에서 수천 개의 작은 가지로 갈라져.

"저게 기관이에요? 신기하게 생겼어요."

"기관은 바깥쪽이 말굽 모양의 부드러운 뼈로 되어 있고, 비교적 단단해서 잘 찌그러지지 않아. 그래서 목을 굽히더라도 모양을 유지하여 공기가 막힘없이 드나들 수 있어. 마치 진공청소기 호스가 휘어져도 찌그러지지 않는 것처럼 말이야."

▲ 진공 청소기 호스

"그러고 보니 정말 진공청소기 호스처럼 생겼네요."

"기관은 둘로 나뉘고 다시 수천 개의 가지로 갈라져. 이를 통틀어 기관지라고 해. 기관을 통과한 공기는 나뭇가지처럼 뻗은 기관지를 통해 폐 구석구석으로 이동해."

"그러면 먼지와 세균은 어디에서 걸러요?"

"기관과 기관지 안쪽 벽에는 현미경으로 봐야 할 정도로 매우 작은 털들이 나 있어. 털 주변에는 끈끈한 액체가 있지. 이 털과 액체에 공기 속 먼지와 세균이 붙는단다."

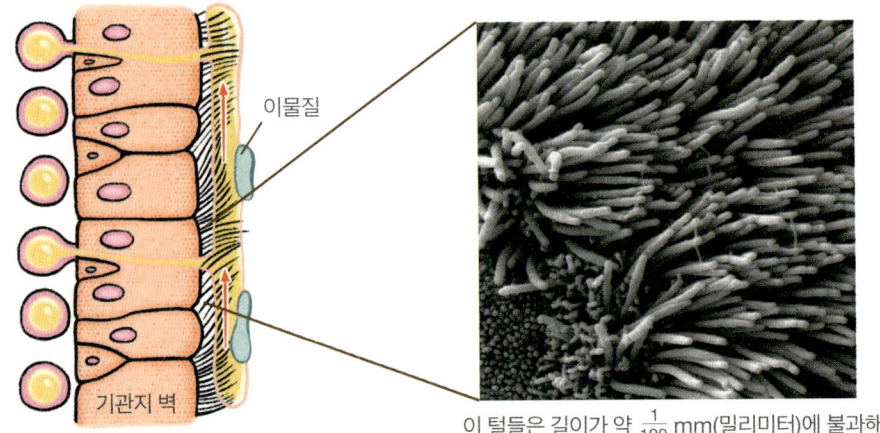

이 털들은 길이가 약 $\frac{1}{100}$ mm(밀리미터)에 불과해.

▲ 기관과 기관지 안쪽 벽에 있는 미세한 털과 액체

"선생님, 코에서는 코딱지가 생기잖아요. 그럼 기관에서도 비슷한 게 생기나요? 혹시 기관딱지?"

"하하, 비슷해. 기관과 기관지 속 털들은 빗질하듯이 빠르게 위쪽으로 움직여서, 끈끈한 액체에 붙은 먼지와 세균 덩어리를 밖으로 내보내. 이게 바로 가래란다. 가래는 기침할 때 한꺼번에 많이 나오기도 하지."

"가래요? 으으, 더러워라."

핵심정리

코로 들어온 공기는 기관과 기관지를 거쳐 폐로 가. 기관과 기관지 안쪽 벽에 있는 미세한 털과 액체는 공기 속 먼지와 세균을 걸러 밖으로 내보내.

폐는 어떻게 생겼지?

"이렇게 기관지를 거쳐 깨끗해진 공기는 폐에 도착해. 폐는 가슴 좌우에 각각 하나씩 총 두 개가 있어. 그리고 수많은 폐포로 이루어져 있지."

"폐포? 그게 뭐예요?"

용선생은 새로운 화면을 띄웠다.

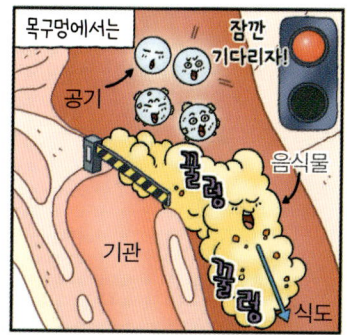
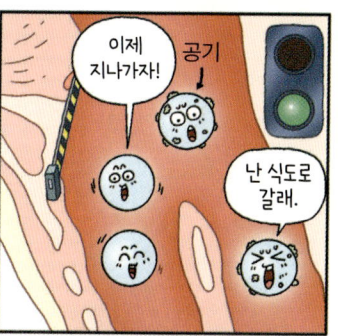

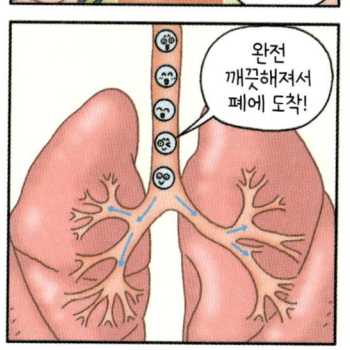

난 포도송이! 폐포랑 닮았지?

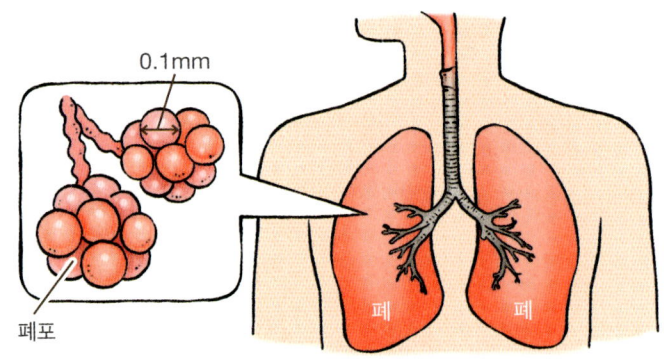

▲ **폐를 이루는 폐포** 조그만 공기 주머니들이 붙어 있는 모습이 포도송이와 비슷해. 허파꽈리라고도 불러.

"폐포는 아주 얇은 막으로 된 공기 주머니야. 크기가 0.1mm 정도로 아주 작은데, 폐에는 폐포가 약 3~5억 개나 있단다."

"우아! 언뜻 보기에 폐는 풍선 하나를 커다랗게 분 것처럼 생겼는데, 폐포가 엄청 많이 모인 거였네요."

"모양만 보면 그렇게 생각할 만해. 하지만 폐가 이렇게 수억 개의 작은 공기 주머니로 이루어진 덕분에 우리가 공기에서 산소를 더 잘 얻을 수 있단다."

"산소요?"

"그래. 공기 중에는 산소가 포함돼 있어. 숨 쉴 때 들어온 공기에서 산소를 얻는 게 바로 폐가 하는 일이지."

"어떻게 공기에서 산소를 얻어요?"

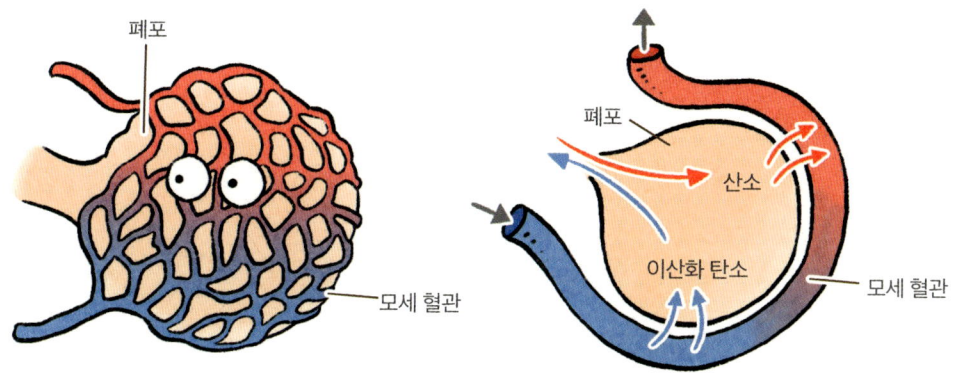

▲ **폐포와 모세 혈관 사이의 기체 이동** 폐포 속 산소는 모세 혈관으로, 모세 혈관 속 이산화 탄소는 폐포로 이동해.

"폐포를 둘러싼 모세 혈관을 통해서 얻어. 아주 가느다란 모세 혈관이 폐포 하나하나를 감싸고 있거든. 폐포 속 공기에 있는 산소는 모세 혈관 속 혈액으로 이동해. 또 혈액에 있던 이산화 탄소는 폐포 속으로 이동하지."

"폐포는 산소를 주고 이산화 탄소를 받은 거네요?"

"그래. 폐포와 모세 혈관이 산소와 이산화 탄소를 교환한 거나 마찬가지야. 폐가 모세 혈관과 닿는 부분이 넓을수록 산소와 이산화 탄소 교환이 잘 일어난단다."

"흠, 어떻게 해야 닿는 부분이 넓어질까요?"

장하다가 고개를 갸웃거렸다.

"그래서 폐가 커다란 공기 주머니 대신 조그만 폐포 수억 개로 이루어져 있는 거란다. 커다란 공기 주머니 하나

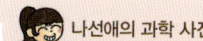

나선애의 과학 사전

모세 혈관 털 모(毛) 가늘 세(細) 피 혈(血) 대롱 관(管). 혈관은 혈액이 흐르는 통로야. 혈관 중에서 아주 가늘고 우리 몸 구석구석에 퍼져 있는 혈관을 모세 혈관이라고 해.

만 있을 때보다 조그만 공기 주머니 수억 개가 있을 때 겉넓이가 훨씬 넓어. 폐포의 겉넓이가 넓은 만큼 모세 혈관과 닿는 부분도 넓어지지."

"그게 정말이에요?"

"그래. 폐포 수억 개의 겉넓이를 모두 합치면 교실 바닥을 모두 덮을 정도인걸?"

"헐, 무지 넓은데요? 그래서 폐에서 산소를 잘 얻을 수 있군요!"

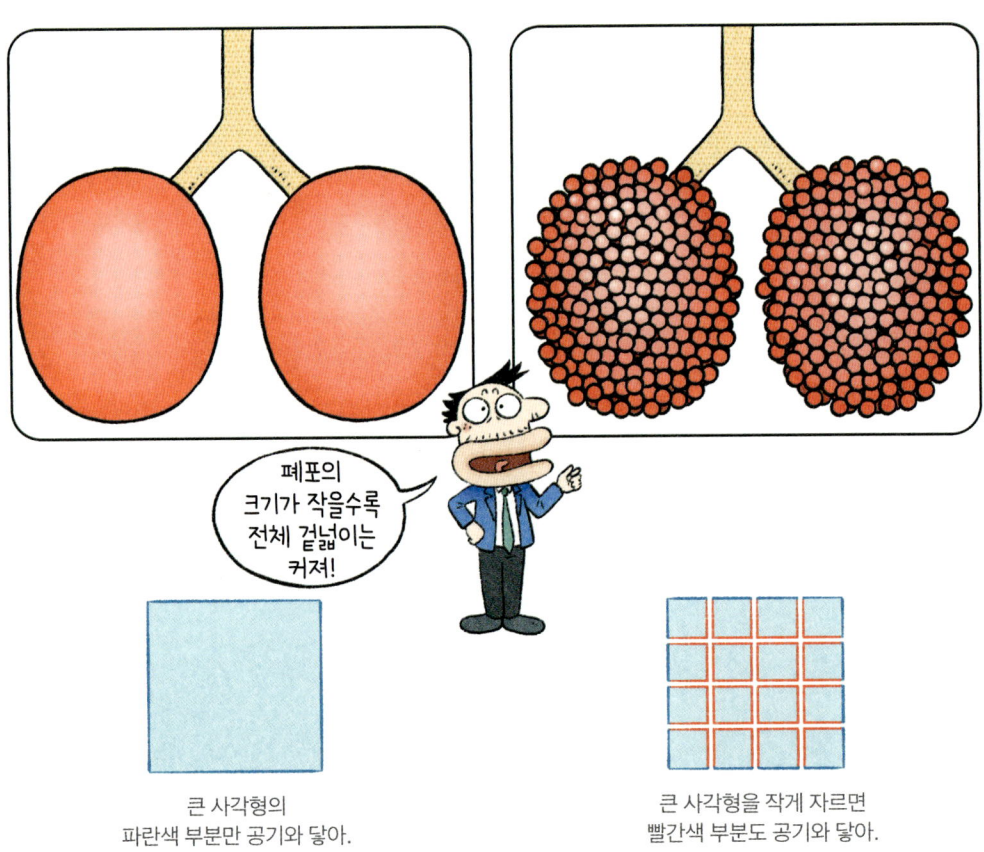

폐포의 크기가 작을수록 전체 겉넓이는 커져!

큰 사각형의 파란색 부분만 공기와 닿아.

큰 사각형을 작게 자르면 빨간색 부분도 공기와 닿아.

▲ 폐포의 겉넓이 비교

나선애가 손을 들고 물었다.

"선생님, 그러면 혈액에서 폐포 속으로 들어온 이산화 탄소는 어떻게 돼요?"

"오, 좋은 질문이야. 이산화 탄소는 산소가 몸속으로 들어온 길을 거꾸로 빠져나가. 산소가 코에서 기관과 기관지를 거쳐 폐로 들어왔으니까, 거꾸로 어떻게 나가겠니?"

장하다가 서둘러 손을 들며 외쳤다.

"저 알 것 같아요! 폐에서 출발해서 기관지, 기관을 통해 코로 빠져나가겠죠."

"잘 맞혔어! 이렇게 우리 몸에서 숨을 내쉬고 들이쉬는 호흡에 참여하는 코, 기관, 기관지, 폐가 모두 호흡 기관이란다. 너희의 호흡 기관은 지금도 열심히 일하고 있어. 한번 숨을 크게 쉬어 보렴!"

아이들은 용선생을 따라 길게 숨을 마시고 내뱉었다.

"잘했어. 오늘 수업은 여기까지!"

폐는 0.1mm 크기의 폐포 수억 개로 이루어져서 모세 혈관과 닿는 면이 매우 넓어. 폐포와 모세 혈관은 산소와 이산화 탄소를 교환해.

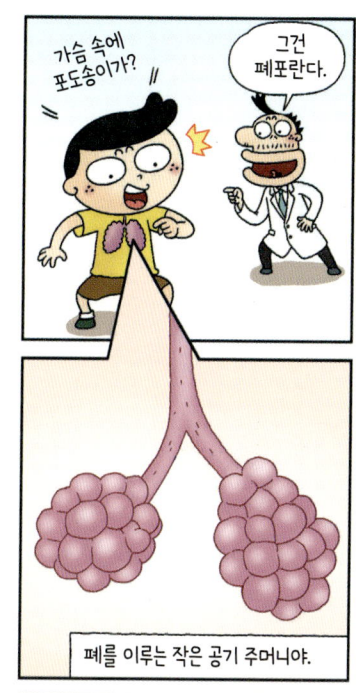
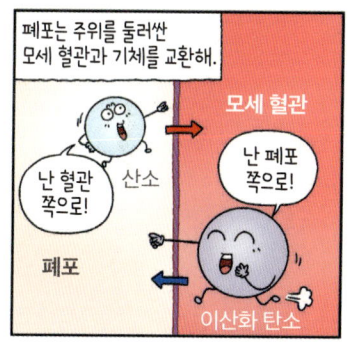

나선애의 정리노트

1. ⓐ [　　] 기관
   ① 우리 몸에서 숨을 내쉬고 들이쉬는 호흡을 담당하는 부분
   ② 종류: 코, 기관, 기관지, 폐

2. 호흡 기관이 하는 일
   ① ⓑ [　　]: 공기가 드나들 때 이물질을 걸러내고, 공기를 따뜻하고 촉촉하게 만듦.
   ② 기관: 공기가 폐로 들어가는 통로로, 이물질을 거름.
   ③ ⓒ [　　]: 나뭇가지처럼 갈라져 기관과 폐를 연결하고, 이물질을 거름.
   ④ 폐: ⓓ [　　]를 모세 혈관이 둘러싸고 있어 ⓔ [　　]와 이산화 탄소를 교환함.

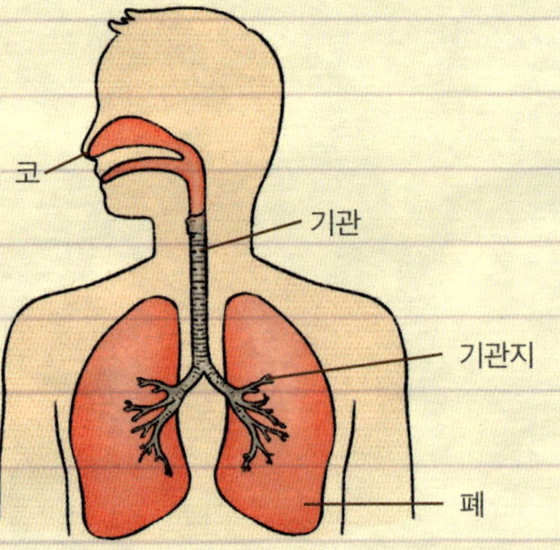

코 / 기관 / 기관지 / 폐

ⓐ 호흡 ⓑ 코 ⓒ 기관지 ⓓ 폐포 ⓔ 산소

 # 과학퀴즈 달인을 찾아라!

●정답은 115쪽에

01

친구들이 이번 시간에 배운 내용에 대해 이야기하고 있어. 옳으면 O, 옳지 않으면 X를 표시해 줘.

① 공기 속 이물질이 코털과 콧물에 달라붙어서 코딱지가 돼. (   )

② 기관은 진공청소기 호스처럼 생겼어. (   )

③ 폐는 공기 중 이산화 탄소를 얻는 일을 해. (   )

02

공기가 우리 몸속으로 들어오고 있어. 공기가 지나는 곳을 순서대로 연결해서 올바른 길을 안내해 줘.

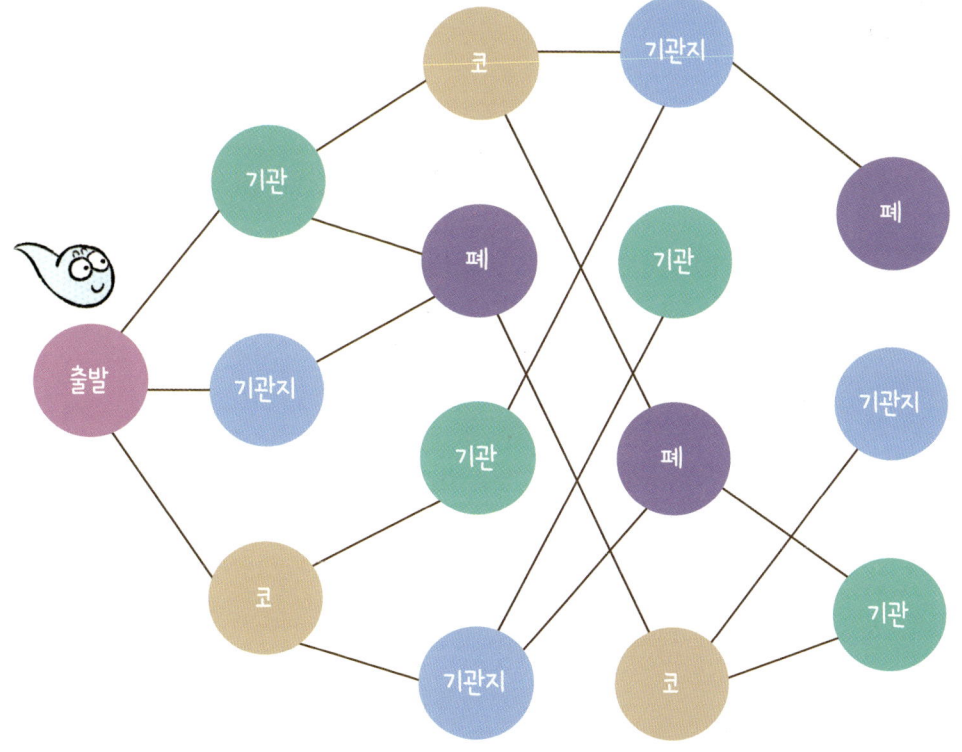

용선생의 과학 카페

과학계의 핵인싸,
용선생의 과학 카페에
오신 걸 환영합니다.

Log in

MENU

물리면 아프다
화학이 화하하
생물 오징어
지구는 둥글다

기침과 재채기의 차이는?

갑자기 눈앞에 뭔가 나타나면 저절로 눈을 감게 되지? 이처럼 갑작스러운 자극을 받으면 나도 모르게 자동으로 몸을 보호하는 행동을 하게 돼. 기침이나 재채기는 호흡 기관이 자극을 받았을 때 우리 몸에서 저절로 일어나는 행동이야. 그런데 기침과 재채기는 몇 가지 다른 점이 있어.

먼저 기침은 기관이나 기관지가 자극받을 때 몸에서 저절로 숨을 터트려 내쉬는 행동이야. 이물질이 기관과 기관지를 자극하면 우리 몸은 입과 코로 숨을 빠르게 내보내면서 이물질을 내보내지. 이때 기관과 기관지 벽에 붙어 있던 가래가 함께 나가기도 해.

기침을 하면 보통 '콜록콜록' 하는 소리가 나고, 목과 가슴이 당기는 느낌이 나. 그리고 기침은 원한다면 참을 수도 있고, 때로는 일부러 헛기침을 할 수도 있지.

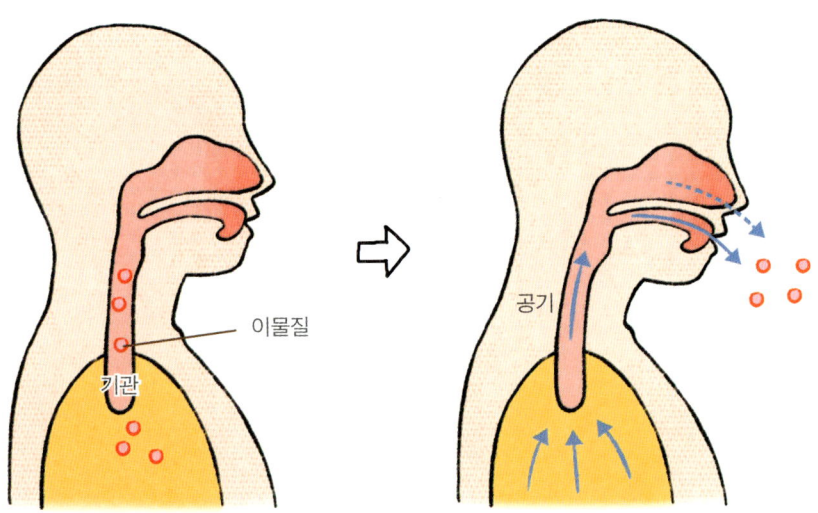

▲ **기침을 할 때** 기관과 기관지로 이물질이 들어오면 기침을 통해 내보내.

하지만 재채기는 기침과 달리 참기 어렵고, 일부러 하기는 더 어려워. 재채기를 하면 보통 '에취' 하는 소리가 나고, 코가 찡한 느낌이 들 거야. 재채기는 코가 자극을 받았을 때 저절로 숨을 내쉬는 행동이거든.

코안에 자극을 주는 이물질이 들어오면, 우리 몸은 숨을 빠르게 내보내며 이물질을 내보내. 이때 콧속에 있던 콧물이 함께 나가기도 하지.

이렇게 기침이나 재채기를 할 때 세균을 비롯한 해로운 물질이 가래, 콧물, 그리고 침과 섞여 몸 밖으로 멀리 튀어 나가. 그러니 기침과 재채기가 나오려고 할 때에는 입과 코를 휴지나 손수건으로 감싸거나, 팔로 가려서 남에게 튀지 않도록 하렴!

장하다의 오답을 피하는 방법
나선애의 야무진 실험실
왕수재의 아는 척 과학교실
허영심의 별 헤는 밤
곽두기의 빅뱅 따라잡기

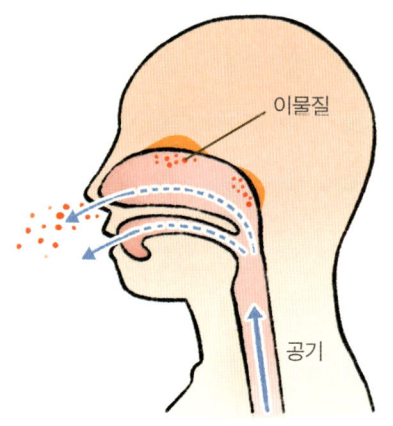

▲ **재채기를 할 때** 코로 이물질이 들어오면 재채기를 통해 내보내.

COMMENTS

 난 헛기침 말고 헛재채기도 할 수 있지롱.

 어떻게?

 큰 소리로 알파벳을 말하면 돼. 'H(에이치)!'

 'A(에이)….'

2교시 | 호흡 운동

많은 촛불을 한 번에 불어 끄려면?

와, 생일 케이크다. 맛있겠다!

난 한 번에 촛불을 끌 수 있어!

곽두기가 과학실에 들어서자 아이들이 케이크를 내밀었다.

"짜잔! 두기야, 오늘 생일이지? 축하해!"

"우아, 고마워!"

"헤헤, 어서 소원 빌고 촛불 꺼."

곽두기는 입으로 여러 번 바람을 불어 촛불을 껐다.

"힝, 촛불을 한 번에 못 껐네."

"괜찮아. 나도 그런걸?"

허영심이 곽두기를 위로하자 용선생이 다가와 말했다.

"생일 축하한다, 두기야. 생일 선물로 촛불을 한 번에 불어 끄는 비결을 알려 줄까?"

"오, 그런 비결이 있어요? 빨리 알려 주세요!"

"좋아! 다들 자리에 앉으렴."

아이들이 후다닥 자리에 앉았다.

폐는 어떻게 움직일까?

"촛불은 숨을 내쉴 때 나오는 공기로 끄지? 이때 내쉬는 공기는 바로 폐에서 나오는 거야. 지난 시간에 폐는 가슴안에 있다고 했어. 가슴 아래에는 배가 있지."

"에이, 그건 유치원생도 알걸요?"

"하하, 가슴과 배가 몸통 안에서도 확실히 나뉘어 있다는 건 모를걸?"

"몸통 안에서도 나뉘어 있다고요?"

"그래. 이 그림을 보렴. 몸통 안쪽에는 커다란 공간이 두 개 있어."

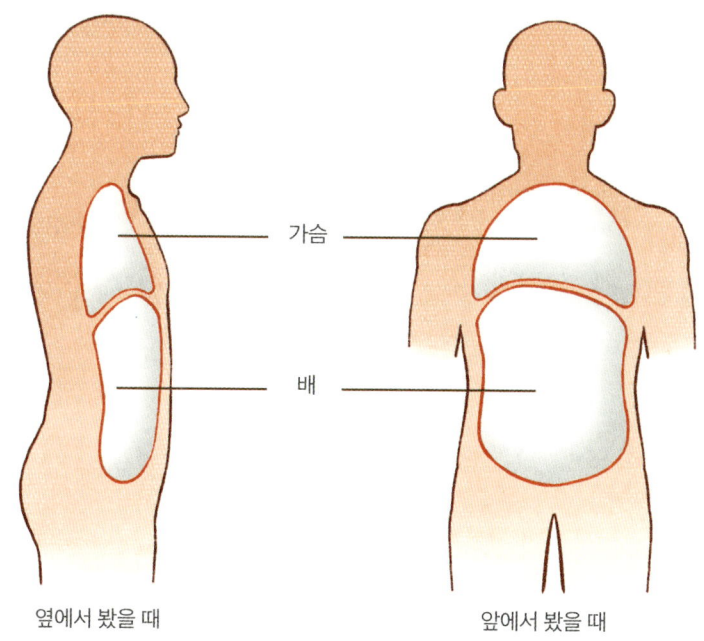

옆에서 봤을 때　　앞에서 봤을 때

▲ 우리 몸통 안에는 커다란 공간이 두 개 있어.

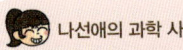
나선애의 과학 사전

근육 동물의 뼈나 내장에 붙어서 몸을 움직이게 하는 부분을 말해.

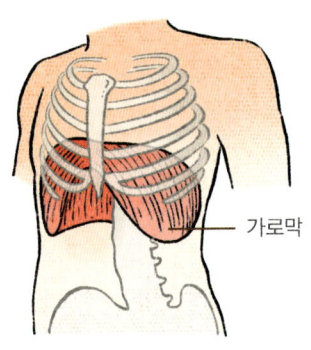

▲ **가로막** 가로 방향으로 무늬가 있는 근육이야. 가슴과 배 사이에 위치해.

"몸통 안이 어떻게 나뉘어 있는 거예요? 가로막는 벽이라도 있나요?"

"비슷해. 가슴과 배 사이에는 '가로막'이라는 근육이 있어. 한자어로 '횡격막'이라고도 부르지."

허영심이 눈을 크게 뜨고 물었다.

"정말 가로막아서 가로막인가요?"

"하하, 그건 아니야. 근육에 가로 방향으로 무늬가 있어서 가로막이라고 해. 낙하산처럼 생긴 가로막은 아래로 내려갔다가 다시 원래대로 돌아오는 운동을 반복하지."

왕수재가 손을 들고 물었다.

"근데 폐랑 가로막이 무슨 상관이죠?"

"오, 좋은 질문이야. 가로막이 움직이는 덕분에 폐에 공기가 드나들거든."

가로막은 낙하산처럼 생겼네.

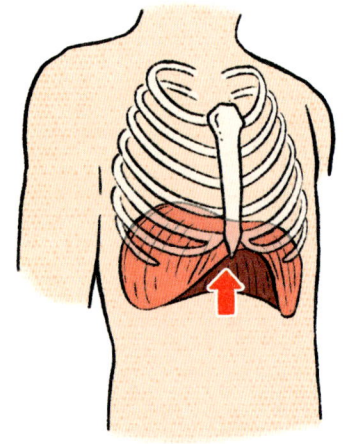
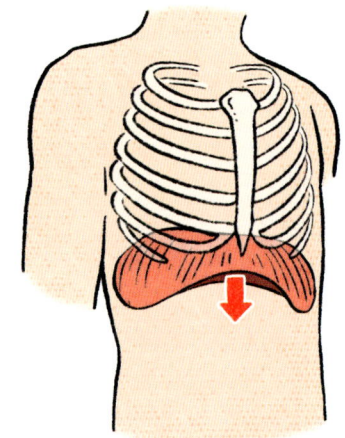

▲ 위아래로 움직이는 가로막

"네? 폐에 공기가 드나드는 게 가로막이 움직여서라고요? 폐가 움직이는 게 아니고요?"

"그렇단다. 우리 몸의 팔다리가 움직이고 심장이 두근두근 뛰는 건 다 근육이 있어서야. 그런데 폐는 근육이 없어서 스스로 움직이지 못해. 폐는 폐포로만 이루어져 있으니까 말이야."

"아! 폐에는 폐포만 있고 근육이 없군요?"

"응. 그래서 폐에 공기가 드나들려면 주변의 다른 근육이 움직여야 해. 이걸 '호흡 운동'이라고 하지."

"그러면 가로막이 호흡 운동을 하는 거예요?"

"맞아. 가로막과 함께 호흡 운동을 하는 근육이 또 있어. 아까 가슴 쪽에 큰 공간이 있다고 했지? 이걸 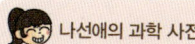이라고 해. 흉강은 갈비뼈와 가로막으로 둘러싸여 있어. 갈비뼈 사이에는 갈비뼈 근육이 있는데, 이 근육이 가로막과 함께 호흡 운동을 한단다."

> 나선애의 과학 사전
>
> **흉강** 가슴 흉(胸) 공간 강(腔). 가슴 안쪽 공간을 말해.

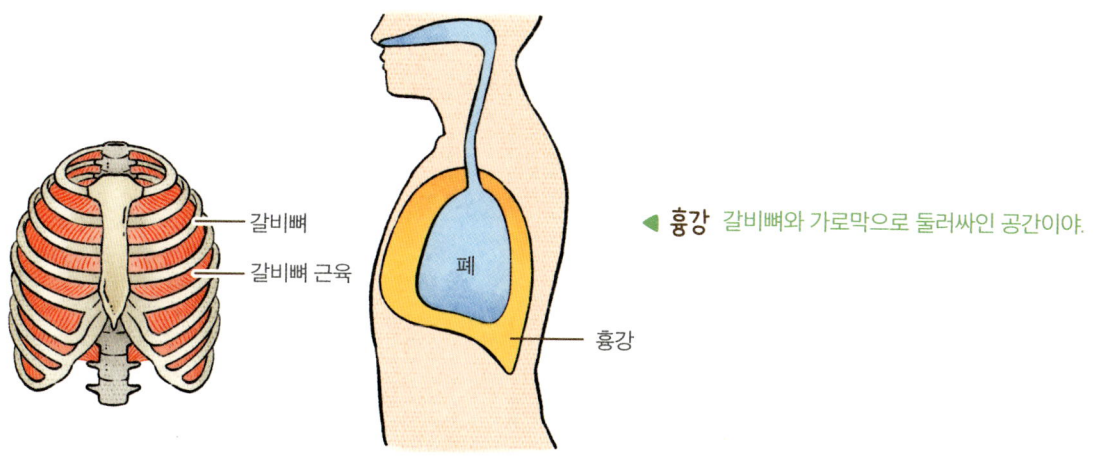

◀ **흉강** 갈비뼈와 가로막으로 둘러싸인 공간이야.

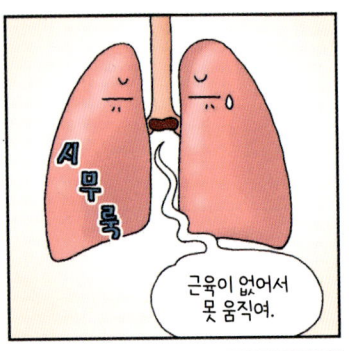
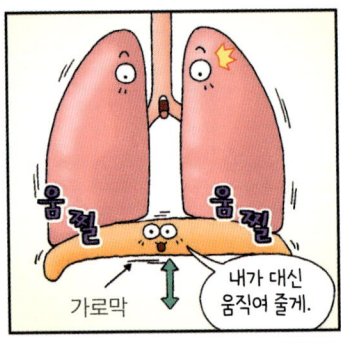
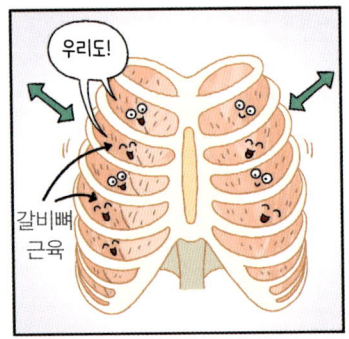
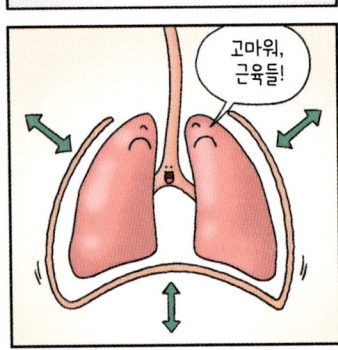

나선애가 필기를 멈추며 물었다.

"그런데 근육이 움직인다고 폐에 공기가 들어와요? 상상이 안 돼요."

핵심정리

갈비뼈와 가로막으로 둘러싸인 몸속 공간을 흉강이라고 해. 갈비뼈 사이에 있는 갈비뼈 근육과 가로막이 호흡 운동을 해.

 ## 어떻게 폐로 공기가 드나들까?

"그건 간단한 실험을 하면서 알아보는 게 어때?"

"좋아요!"

용선생은 실험 장치를 꺼내 책상에 올렸다.

"이 장치에서 플라스틱 통 안은 흉강에 해당해. 통 아래

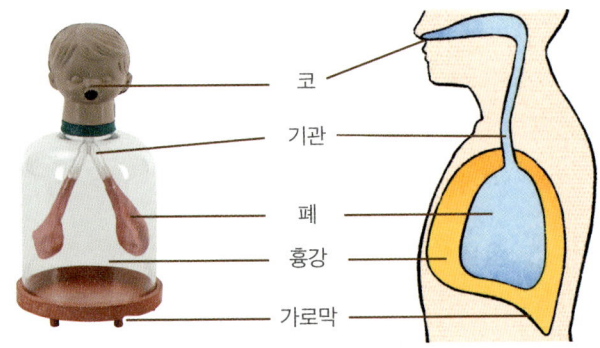

▲ 호흡 운동 실험 장치

를 막고 있는 고무 막은 가로막이고, 통 안에 있는 풍선은 폐, 플라스틱 관은 코와 기관에 해당하지."

"오호, 그렇군요."

"이제 고무 막을 잡아당겨 보렴."

아이들은 저마다 실험 장치의 고무 막을 잡아당기며 탄성을 질렀다.

"고무 막을 잡아당기니까 안에 있는 풍선이 커졌어요!"

"이번엔 고무 막을 놓아 보렴."

"풍선이 원래대로 다시 작아졌어요!"

"잘 관찰했어. 먼저 고무 막을 아래로 당기면 통 속의 공간이 커지고, 이때 통 속에 있는 풍선도 함께 커져. 아까 고무 막이 가로막, 풍선이 폐에 해당한다고 했지? 이처럼 가로막이 아래로 내려가면서 폐가 커지는 거란다."

왕수재가 안경을 고쳐 쓰며 말했다.

"오호, 폐가 커져서 가로막을 아래로 누르는 게 아니라, 가로막이 내려가서 폐가 커지는 거였네요?"

"맞아. 게다가 실험 장치에서는 가로막만 움직이지만 실제 우리 몸에서는 흉강을 이루는 갈비뼈도 함께 움직여. 갈비뼈가 움직이면서 흉강이 몸의 앞쪽으로도 커졌다 줄었다 하지."

▲ 고무 막을 잡아당길 때

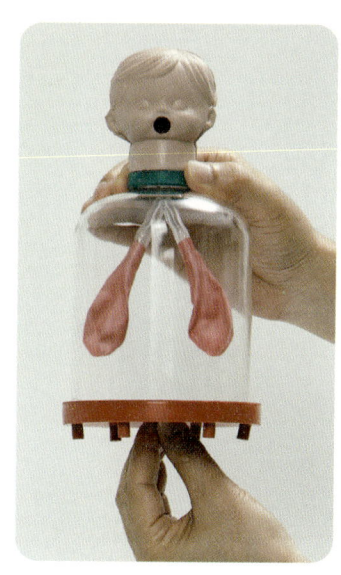

▲ 고무 막을 놓을 때

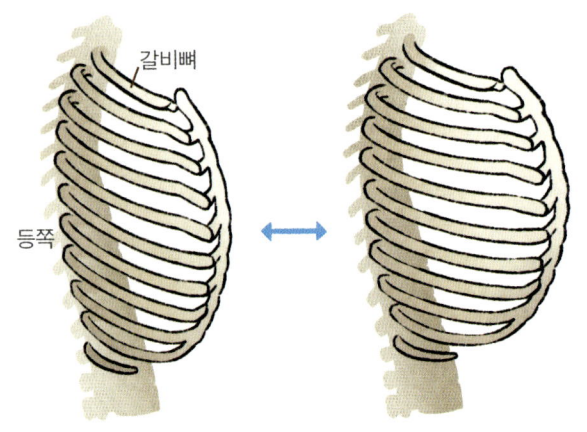

▲ **갈비뼈의 움직임** 갈비뼈 사이 근육이 움직이면 갈비뼈도 움직여서, 흉강이 몸의 앞쪽으로 커졌다 줄었다 해.

"가로막이랑 갈비뼈가 함께 움직이는군요."

"응. 이렇게 가로막과 갈비뼈가 움직여서 흉강이 커질 때 폐가 커지고, 이때 폐 속으로 몸 밖의 공기가 들어온단다."

"그러면 당겼던 고무 막을 놓는 건 가로막이 원래대로 돌아오는 거랑 같네요?"

"그래. 흉강과 폐가 원래 크기로 돌아올 때 폐 속에 있던 공기가 몸 밖으로 나가."

허영심이 고개를 끄덕이며 말했다.

"정말 신기해요. 흉강이 커지고 작아질 때 공기가 드나든다는 게요."

"그렇지? 몸 밖의 공기가 저절로 우리 몸속으로 들어왔

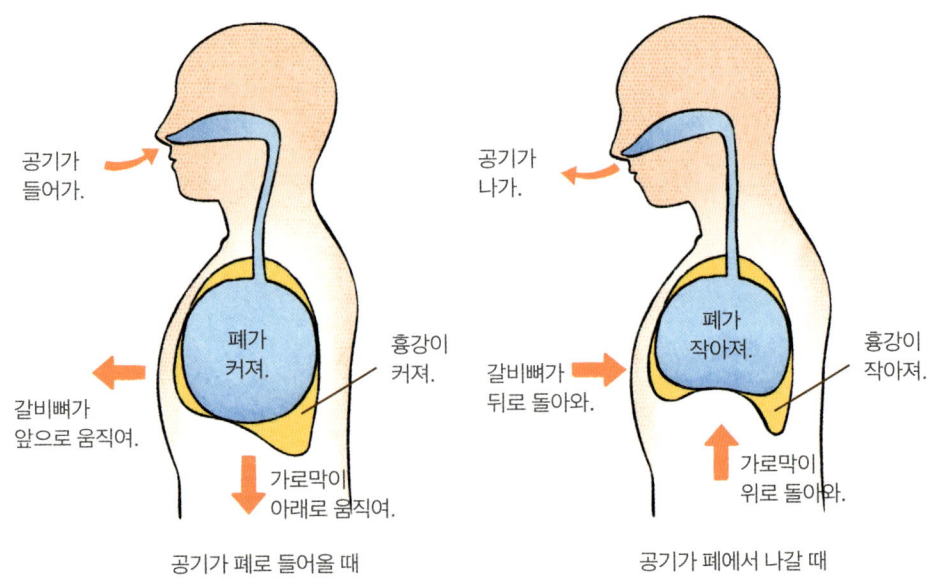

▲ 호흡 운동으로 드나드는 공기

다 나갈 수는 없어. 우리 몸이 호흡 운동을 해서 공기를 드나들게 하는 거란다."

핵심정리

가로막과 갈비뼈가 움직여서 흉강이 커질 때 공기가 폐로 들어와. 흉강이 원래 크기로 줄 때 폐에서 공기가 나가.

더 많은 공기를 드나들게 하려면?

용선생이 손가락을 딱 부딪치며 말을 이었다.

"자, 만약 가로막과 갈비뼈를 일부러 더 많이 움직여서 흉강이 더 커지면 어떻게 될까?"

"그러면 공기가 더 많이 들어올 것 같아요."

"한번 해 볼까? 먼저 가로막을 많이 움직이려면 배가 볼록해질 정도로 최대한 배를 내밀어야 해. 그럼 가로막이 아래로 당겨지면서 흉강이 커져. 또 어깨를 쫙 펴서 갈비뼈가 몸 앞쪽으로 더 많이 움직이도록 해 보렴."

아이들이 배를 내밀고 어깨를 활짝 펴면서 숨을 들이마셨다가 내쉬었다.

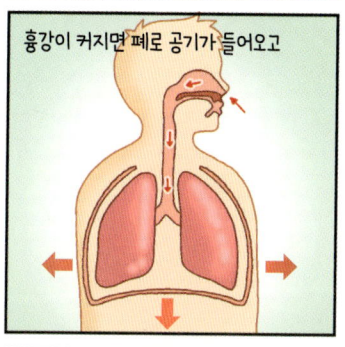

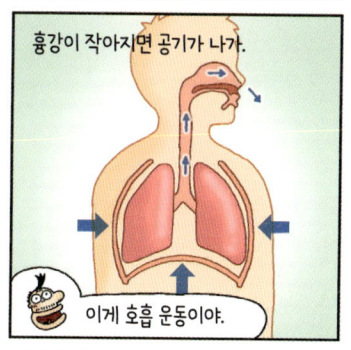

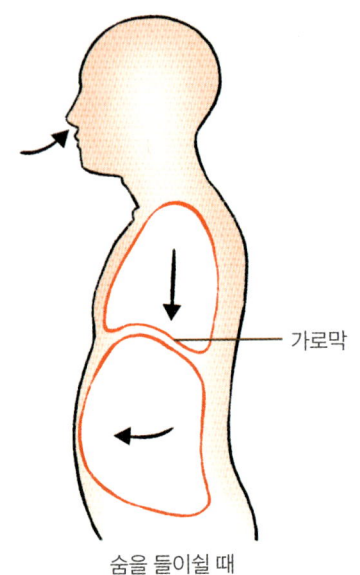
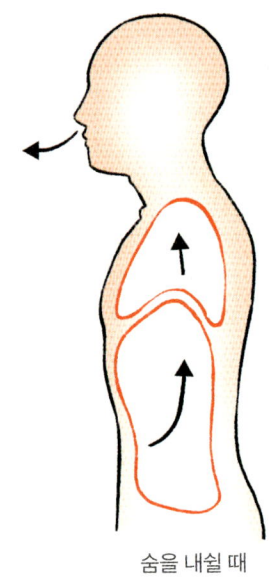

숨을 들이쉴 때 　　　　숨을 내쉴 때

▲ 배를 내밀어 가로막이 평소보다 아래로 내려가면 흉강이 더 커지고 공기가 더 많이 들어와.

나선애의 과학 사전

폐활량 최대로 숨을 들이쉬고 내쉴 때, 폐에 드나드는 공기의 전체 양을 말해. 초등학생의 폐활량은 약 2L(리터), 어른은 약 2.5L~3.5L 정도야.

"어, 보통 때보다 숨을 길게 쉬었어요. 정말 공기가 더 많이 들어왔다 나갔을까요?"

"그럼! 평소보다 근육을 더 움직여서 흉강을 조금 더 크게 만들었으니 폐도 더 커지고 공기도 더 들어왔어. 당연히 내쉬는 공기의 양도 더 많아졌고."

왕수재가 팔짱을 끼며 말했다.

"에이, 귀찮아요. 저는 그냥 편하게 숨 쉴래요."

"하하, 흉강을 둘러싼 근육을 꾸준히 단련하면 폐활량이 커진단다."

"폐활량? 그게 뭐예요?"

"한 번의 호흡으로 들이마셨다가 내보내는 공기의 양을 폐활량이라고 해."

"폐활량이 크면 뭐가 좋은데요?"

"한 번의 호흡으로 더 많은 공기를 들이마시니까 몸에 필요한 산소를 더 많이 얻을 수 있어. 그래서 운동할 때 쉽게 지치지 않고, 노래할 때 숨을 길게 내쉬면서 소리를 길게 낼 수도 있지. 또, 물속에서 오래 숨을 참고 잠수할 수도 있

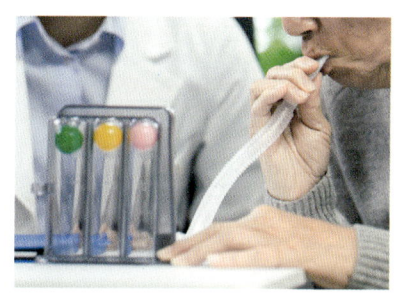

▲ **폐활량 측정기** 튜브를 입에 물고 힘껏 불면 통 속 공이 위로 떠올라. 폐활량이 클수록 떠오르는 공의 개수가 많아져.

고. 폐활량은 폐활량 측정기로 직접 재 볼 수도 있어."

"폐활량을 크게 하려면 어떻게 해요?"

"평소에 운동을 꾸준히 해야 돼. 운동을 많이 할수록 호흡할 때 움직이는 근육들도 함께 단련되어 흉강의 크기를 더 많이 변화시킬 수 있거든."

곽두기가 눈을 반짝이며 말했다.

"선생님, 이제 알았어요. 흉강을 크게 만들어서 폐에 공기를 많이 들어오게 하면 내쉬는 공기도 많아지니까, 촛불이 많아도 한 번에 끌 수 있을 거예요!"

"하하, 드디어 비결을 알았구나. 이만하면 생일 선물로 충분한 것 같으니 이제 케이크를 먹어 볼까?"

"좋아요!"

핵심정리

흉강을 둘러싼 근육을 더 움직여 흉강을 크게 하면 폐활량이 커져. 폐활량이 커지면 몸에 필요한 산소를 더 많이 얻을 수 있어.

나선애의 정리노트

1. ⓐ _____
   ① 갈비뼈와 가로막으로 둘러싸인 공간으로, 안에 폐가 있음.
   • ⓑ _____ : 가슴과 배 사이에 있는 낙하산 모양의 근육

2. ⓒ _____ 운동
   ① 갈비뼈와 가로막이 움직여 폐에 ⓓ _____ 가 드나드는 운동
   ② 흉강과 폐가 커질 때 공기가 폐로 들어옴.
   ③ 흉강과 폐가 작아질 때 공기가 폐 밖으로 나감.

정답 ⓐ 흉강 ⓑ 가로막 ⓒ 호흡 ⓓ 공기

과학퀴즈 달인을 찾아라!

●정답은 115쪽에

01

친구들이 이번 시간에 배운 내용에 대해 이야기하고 있어. 옳으면 O, 옳지 않으면 X를 표시해 줘.

① 폐는 근육이 없어서 스스로 움직이지 못해. (   )
② 배를 볼록하게 내밀면 가로막이 더 올라가. (   )
③ 흉강이 커질 때 폐로 공기가 들어와. (   )

02

아래 힌트를 보고 네모 칸에서 호흡 운동을 일으키는 곳에 대한 낱말 세 개를 찾아서 동그라미로 표시해 줘. 정답은 가로, 세로, 대각선으로 찾으면 돼.

힌트
① 가슴을 둘러싸고 있는 뼈를 말해. ☐☐☐
② 가슴과 배 사이에 있는 근육으로, 횡격막이라고도 부르지. ☐☐☐
③ 폐를 둘러싼 공간이야. ☐☐

가	위	원	소
세	로	두	갈
기	천	막	비
흉	강	대	뼈

용선생의 과학 카페	용선생의 한국사 카페	용선생의 세계사 카페	

https://cafe.naver.com/yongyong

용선생의 과학 카페

과학계의 핵인싸,
용선생의 과학 카페에
오신 걸 환영합니다.

Log in

 MENU

물리면 아프다
화학이 화하하
생물 오징어
지구는 둥글다

스스로 호흡할 수 없을 때에는?

 우리가 호흡할 때 공기는 코, 기관, 기관지를 거쳐 폐로 들어갔다가 나오지. 그런데 병에 걸려 호흡 기관이 제 역할을 못 하게 되면 공기가 잘 드나들기 힘들어.

 헉! 그럼 호흡을 못 하는 건가요?

 맞아. 이런 경우 '인공호흡기'라는 기계를 이용한단다. 인공호흡기는 스스로 호흡을 하기 힘든 환자에게 연결하여 호흡을 잘할 수 있게 돕는 기계를 말해.

 인공호흡기를 연결한다고요? 어떻게요?

 먼저 플라스틱으로 된 기다란 관을 입이나 코로 넣어서 목구멍을 지나 기관까지 이르게 해. 그리고 기계의 힘으로 관을 통해 공기가 드나들게 하는 거야. 특히 폐를 다쳐 폐활량이 크게 줄어든 경우, 산소가 많은 공기를 넣어 몸속 산소 공급을 돕는단다.

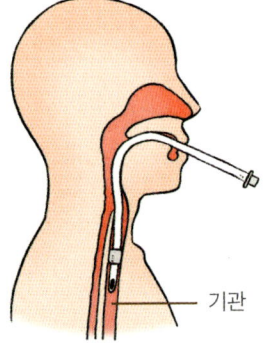 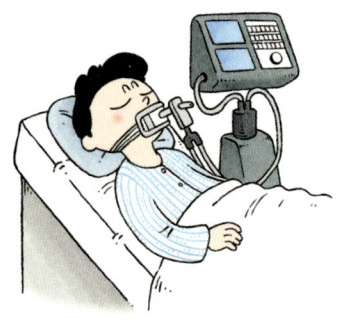

기관

▲ **인공호흡기** 환자의 입을 통해 기다란 플라스틱 관을 기관까지 넣은 다음 기계로 공기를 공급해.

우아! 저렇게 깊은 곳까지 관을 넣다니!

 그런데 환자의 코, 입, 목구멍이 심하게 막히거나 상처가 나 있는 상태라면 관을 넣기 힘들어.

 어휴, 관을 넣어야만 공기가 드나들 수 있을 텐데요.

 이럴 때에는 목에 구멍을 뚫고 기관에 직접 관을 연결하기도 해. 입이나 코를 통하지 않고 기관을 통해 폐에 바로 공기가 드나들게 하는 거야!

 헐! 목에 구멍을 낸다고요?

 그렇게라도 해서 호흡이 이루어지게 해야지. 잠시만 호흡을 못 해도 목숨이 위험하거든. 위급한 상황이 지나가고 스스로 호흡을 할 수 있게 되면, 인공호흡기를 떼고 구멍 난 기관과 목의 피부를 꿰매어 막는단다.

장하다의 오답을 피하는 방법

나선애의 야무진 실험실

왕수재의 아는 척 과학교실

허영심의 별 헤는 밤

곽두기의 빅뱅 따라잡기

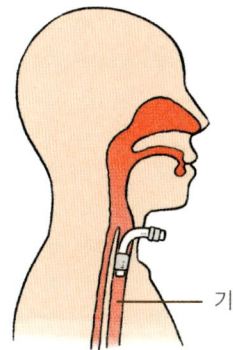
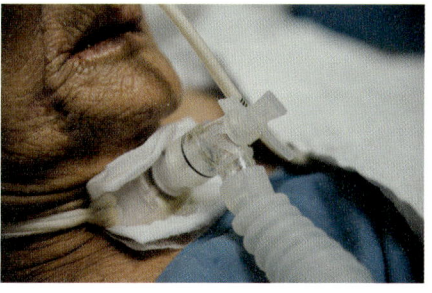

― 기관

▲ 목을 통해 기관에 직접 관을 넣기도 해.

COMMENTS

 어휴, 목에 구멍을 뚫는 건 상상도 못 했어.

└ 숨 쉬는 게 진짜 중요하구나!

└ 열심히 숨 쉬어야겠다. 호~흡~호~흡~

3교시 | 세포 호흡

달릴 때 숨이 가빠지는 까닭은?

우아, 마라톤 선수들이다!

헥헥, 숨이 차서 못 따라가겠어.

아이들은 학교 근처 도로에서 열리는 마라톤 경기를 구경하고 있었다.

"우아! 마라톤 선수다. 생각보다 빨리 뛰는데?"

"응, 무지 빠르다. 몇 시간이나 저렇게 쉬지 않고 달린다니 정말 굉장해! 난 5분만 뛰어도 숨이 차는데……."

"근데 왜 달리면 숨이 차는 걸까?"

"글쎄……. 그건 과학실에 가서 선생님께 여쭤보자!"

 ## 산소의 몸속 여행

아이들은 과학실로 뛰어 들어와 용선생에게 물었다.

"헥헥, 선생님. 왜 오래 달리면 숨이 차고 힘든 거죠?"

"하하, 일단 숨 좀 고르렴. 왜 숨이 차는지 알려면 먼저 알아야 할 게 많거든."

아이들이 숨을 고르자, 용선생이 말을 이었다.

"숨이 차는 건 우리 몸의 에너지와 관련 있다는 거 아니? 생물이 살아가려면 끊임없이 에너지가 필요해. 달리기처럼 운동할 때는 물론이고 잠을 잘 때처럼 움직임이 적을 때에도 언제나 에너지가 필요하지. 움직임이 적어도 심장이나 뇌 같은 기관들은 계속 활동하고 있거든."

"에너지는 음식을 먹으면 생기는 거 아니에요?"

"오호, 맞아. 우리 몸에서 사용하는 에너지를 만들려면 음식 속 영양소가 필요해. 그런데 영양소 말고 필요한 게 하나 더 있어. 바로 산소란다."

"에너지를 만들 때 산소도 필요해요?"

"응. 영양소와 산소가 있어야 에너지를 만들 수 있어. 우리 몸을 이루는 수많은 세포에서 영양소와 산소를 써서 에너지를 만들지."

> **나선애의 과학 사전**
>
> **영양소** 생물이 에너지를 만들고, 생명을 이어가기 위한 활동을 하는 데 필요한 물질을 말해. 탄수화물, 지방, 단백질, 비타민 등이 있어.

> **나선애의 과학 사전**
>
> **세포** 생물의 몸을 이루는 기본 단위야. 세포 하나로 이루어진 생물도 있고, 아주 많은 수의 세포로 이루어진 생물도 있어.

▲ 세포는 영양소와 산소를 써서 에너지를 만들어.

"아, 세포에서 에너지를 만드는군요."

"그래. 사실 호흡은 단순히 공기를 들이쉬고 내쉬는 것만 말하는 게 아니야."

"그러면요?"

"세포에서 에너지를 만드는 과정까지가 모두 호흡이지. 이렇게 세포에서 영양소와 산소를 써서 에너지를 만드는 과정을 특별히 '세포 호흡'이라고 부른단다."

왕수재가 안경을 고쳐쓰며 물었다.

"선생님, 그러면 몸 곳곳에 있는 수많은 세포는 산소를 어떻게 얻어요?"

"좋은 질문이야. 지난 시간에 폐에서 우리가 들이마시는 공기 속에 있는 산소를 얻는다고 한 것 기억하니? 공기가 폐포까지 들어오면, 산소는 폐포를 둘러싸고 있는 모세 혈관 속 혈액으로 이동하고, 동시에 혈액 속에 있던 이산화 탄소가 폐포 쪽으로 이동하지."

아이들이 "네, 기억나요." 하며 고개를 끄덕였다.

"폐를 통해 몸속으로 들어온 산소는 혈관을 따라 혈액과 함께 흐르면서 우리 몸속 구석구석으로 퍼져. 그리고 우리 몸을 이루는 모든 세포와 만나."

"오, 혈액이 산소를 옮기는군요!"

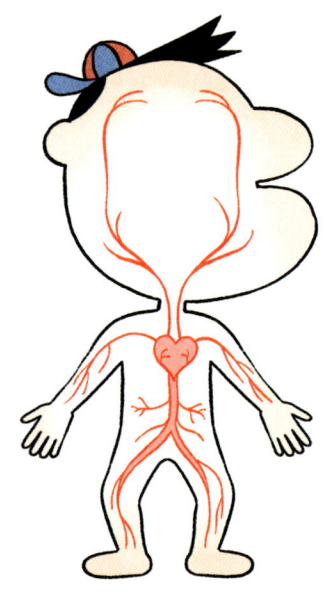

▲ 온몸으로 뻗어 있는 혈관을 통해 몸속 구석구석 세포까지 혈액이 흘러.

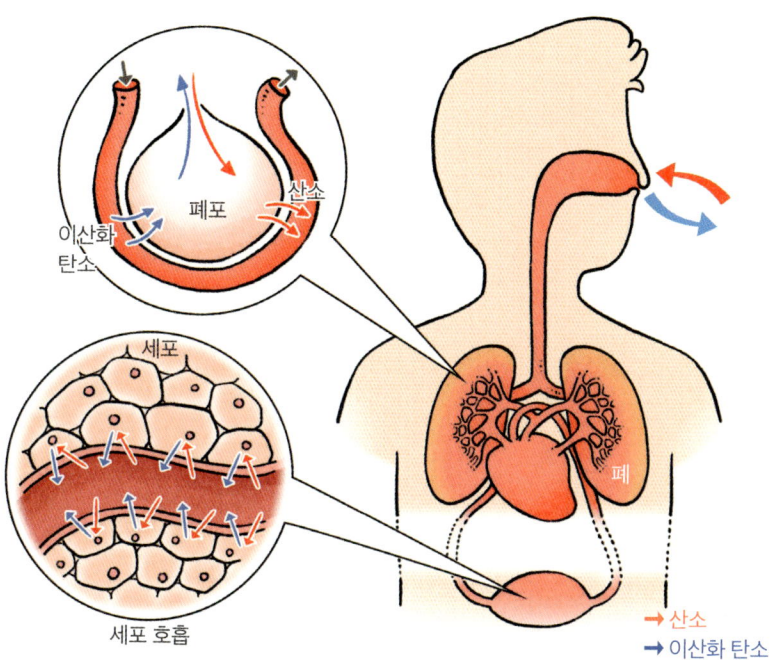

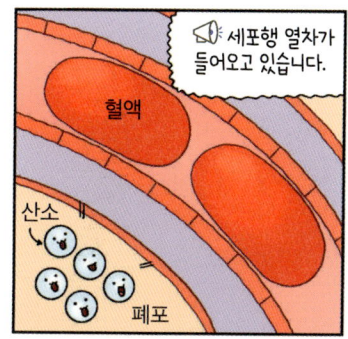
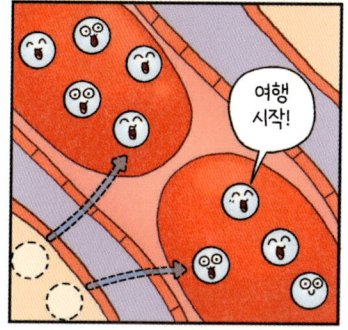
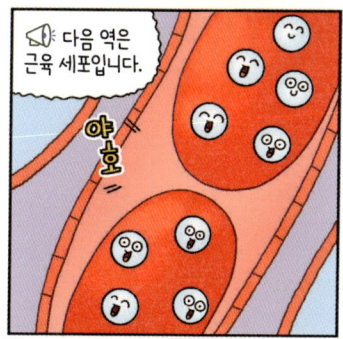
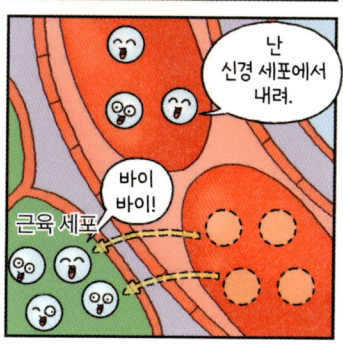

▲ **몸에서 일어나는 호흡의 전체 과정** 호흡 기관을 거쳐 혈액으로 이동한 산소는 세포에서 에너지를 만드는 데 쓰여.

"그렇지. 산소가 풍부한 혈액이 세포를 만나면, 혈액 속에 있던 산소는 세포로 이동하고, 세포에 있던 이산화 탄소는 혈액으로 이동한단다."

장하다가 고개를 갸웃거리며 물었다.

"그런데 세포에 어째서 이산화 탄소가 있어요?"

 핵심정리

산소는 폐에서 혈액으로 이동한 다음, 혈액을 타고 온몸의 세포로 이동해 에너지를 만드는 데 쓰여. 세포에서 에너지를 만드는 과정을 세포 호흡이라고 해.

호흡으로 생기는 것은?

"세포가 산소와 영양소를 써서 에너지를 만들 때 이산화 탄소와 물이 생기거든."

용선생의 과학 현미경

세포에서 에너지를 만들 때 생긴 물은 세포 밖으로 빠져나가서 혈액 속에 섞여. 이후 땀이나 오줌, 수증기가 되어 몸 밖으로 나가.

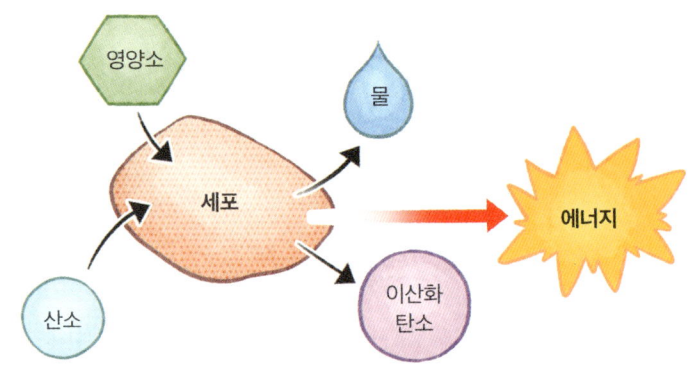

"아, 그래서 세포에 이산화 탄소가 있는 거구나!"

"그렇단다. 세포에서 혈액으로 이동한 이산화 탄소는 혈액과 함께 다시 폐로 가. 폐에 도착한 이산화 탄소는 혈액에서 폐포 쪽으로 이동하고, 폐에서 기관지, 기관, 코를 거쳐 몸 밖으로 나가는 거야."

"아! 이산화 탄소는 산소가 들어온 길을 거꾸로 나간다고 했죠?"

"맞아. 기억력이 아주 좋구나."

"그러면 우리가 내쉬는 공기에는 이산화 탄소가 더 많겠네요?"

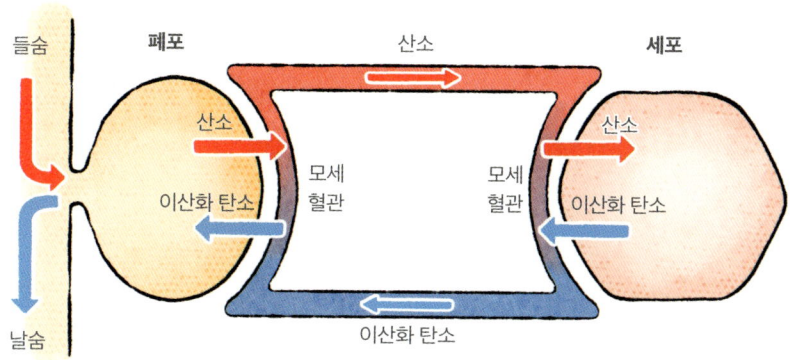

▲ 몸속에서 산소와 이산화 탄소를 교환하는 과정

"그래. 우리가 들이쉬는 공기를 들숨, 내쉬는 공기를 날숨이라고 말하는데, 들숨보다 날숨에 이산화 탄소가 훨씬 많아. 간단한 실험으로 확인해 볼까?"

"좋아요!"

용선생은 석회수를 넣은 비커 두 개를 실험대에 올렸다.

"스포이트로 한쪽 비커에는 들숨을 넣고, 다른 쪽 비커에는 날숨을 넣어 보자."

곽두기가 손을 들고 물었다.

"선생님, 날숨은 숨을 내쉬면 되는데 들숨은 어떻게 넣어요?"

"하하. 들숨은 바로 우리 주변의 공기란다. 스포이트에 펌프로 공기를 넣으면 돼."

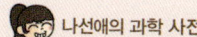

나선애의 과학 사전

석회수 수산화 칼슘이라는 물질을 물에 녹인 걸 말해. 이산화 탄소와 만나면 뿌옇게 변해.

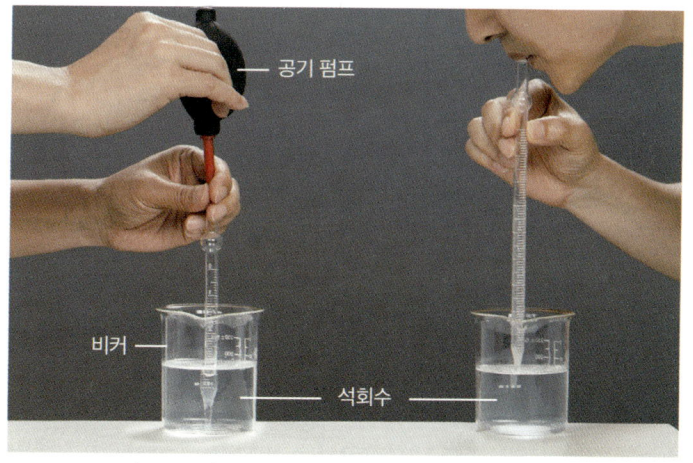

펌프로 공기를 넣어.　　입으로 날숨을 불어 넣어.

▲ 날숨에 의해 뿌옇게 변한 석회수

"우아! 날숨을 불어 넣은 석회수만 뿌옇게 변했어요!"

"그래. 석회수는 원래 투명한 액체인데, 이산화 탄소를 만나면 뿌옇게 변하는 성질이 있어. 공기 중에도 이산화 탄소가 있긴 하지만 아주 조금뿐이라서 펌프로 공기를 넣은 석회수는 색이 거의 변하지 않은 거야."

"날숨에는 이산화 탄소가 많아서 석회수가 뿌옇게 된 거

용선생의 과학 현미경

들숨과 날숨을 비교해 볼까?

들숨은 산소, 날숨은 이산화 탄소만으로 이루어졌다고 오해하면 안 돼. 사실 우리가 마시고 내보내는 공기에는 질소라는 기체가 가장 많거든. 들숨과 날숨을 이루는 공기가 정확히 어떻게 다른지 알아볼까?

좀 더 자세히 들여다볼까?

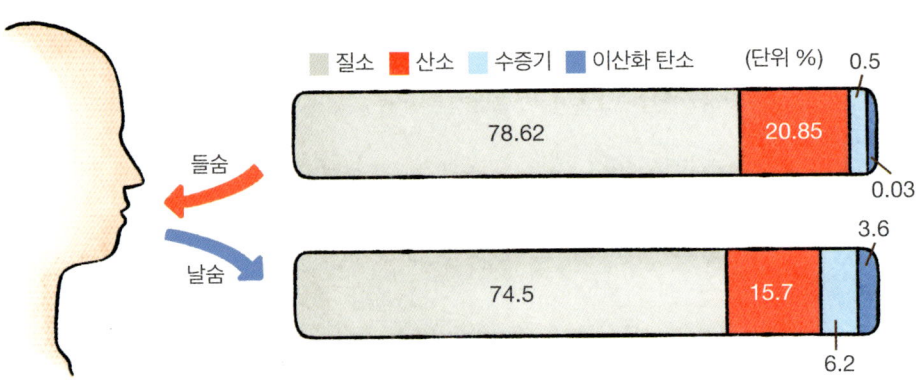

▲ 들숨과 날숨을 이루는 공기의 성분

들숨에도 이산화 탄소가 조금은 들어 있고, 날숨에도 산소가 여전히 남아 있단다. 하지만 산소는 날숨보다 들숨에 많고, 이산화 탄소는 들숨보다 날숨에 백 배 이상 많지. 또 호흡 과정에서 생긴 물이 수증기로 내보내져서 날숨에는 들숨보다 수증기도 열 배 이상 많아.

고요?"

"그렇단다. 날숨에는 우리가 들이마시는 공기보다 이산화 탄소가 백 배 넘게 많거든."

세포에서 에너지를 만들 때 이산화 탄소와 물이 생겨. 이산화 탄소는 혈액을 통해 폐로 와서 날숨으로 내보내져.

산소가 부족해지면 어떻게 될까?

용선생은 아이들을 바라보며 말을 이었다.

"자, 이제 달릴 때 숨이 차는 까닭을 맞혀 볼래? 힌트를 하나 주자면, 달리기처럼 몸을 많이 쓰는 운동을 할 때에는 평소보다 에너지가 많이 필요해."

나선애가 노트 필기를 멈추며 말했다.

"에너지를 많이 만들려면 세포 호흡을 더 많이 해야 해요. 그래서 숨을 빠르게 쉬어 산소를 더 얻는 거죠."

"그래, 맞아. 숨을 빠르게 쉬면 몸속 세포에 산소를 더 많이 공급할 수 있지. 그뿐만 아니라 몸속에서 생긴 이산

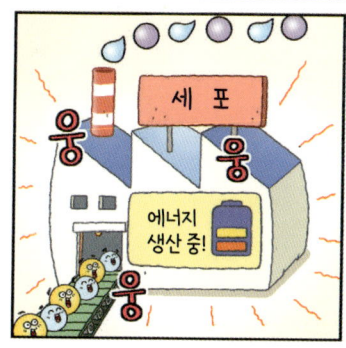

화 탄소를 빠르게 몸 밖으로 내보낼 수도 있어. 이렇게 우리 몸에 에너지가 많이 필요할 때에는 저절로 호흡이 빨라져. 한마디로, 숨이 차는 거지."

그러자 곽두기가 머뭇거리며 말했다.

"호흡에는 산소 말고 영양소도 필요하다면서요. 숨차는 운동을 할 때 음식도 함께 먹어야 하지 않나요?"

"뛰면서 숨 쉬기도 바쁜데 어떻게 음식을 먹겠냐?"

왕수재가 면박을 주자 용선생이 빙긋 웃으며 말했다.

"영양소는 우리 몸속에 어느 정도 저장되어 있어서, 매 순간 먹지 않아도 문제없어."

"하긴 밥은 하루 세 번 먹을 뿐이네요."

"응. 하지만 산소는 혈액 속에 있는 게 전부야. 그래서 단 몇 분만이라도 호흡이 끊기면 몸속에 산소가 부족해져. 그럼 세포가 점차 에너지를 만들지 못해서 생명이 위험할 수도 있단다."

"우아, 호흡은 정말 무지하게 중요하네요."

"그렇고말고. 너희들 그거 아니? 높이가 수천 미터에 달하는 산에 오르는 사람들은 산소가 부족해져서 호흡이 힘들어지기도 해."

"왜 산소가 부족해지는데요?"

"높은 곳은 낮은 곳보다 공기의 양이 적어서 들숨으로 몸속에 들어오는 산소의 양도 줄어들거든."

"그게 정말이에요? 그러면 높은 산에 올라가는 사람들은 어떻게 해요?"

"사람들은 높은 산을 오를 때 부족한 산소를 보충하기 위해 산소통을 따로 가지고 올라가기도 한단다."

▲ 높은 산에 올라간 사람들이 마스크를 쓰고 산소를 공급받고 있어.

장하다가 벌떡 일어서며 말했다.

"언젠가 저도 그렇게 높은 산에 꼭 한번 가 보고 싶어요. 선생님도 같이 가실래요?"

"흠흠, 생각은 해 볼게. 오늘 수업은 여기까지!"

핵심정리

몸에 에너지가 많이 필요할 때에는 호흡을 빠르게 해서 산소를 많이 얻고 이산화 탄소를 빠르게 내보내.

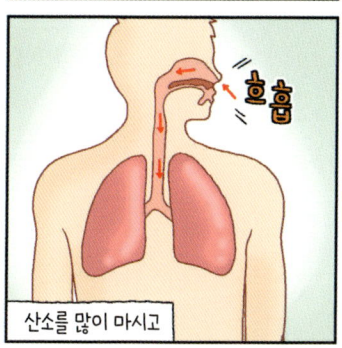
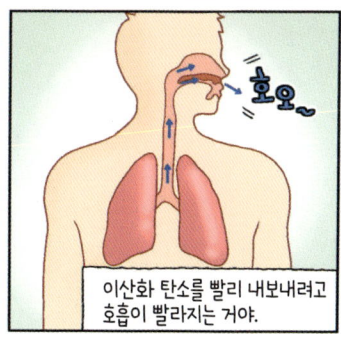

나선애의 정리노트

1. 호흡 과정에서 산소와 이산화 탄소의 이동
  ① 호흡 기관을 통해 몸속으로 공기가 드나듦.
  ② 폐에서 혈액으로 ⓐ_____ 가 이동하고, 혈액에서 폐로 ⓑ_____ 가 이동함.
  ③ 혈액에서 ⓒ_____ 로 산소가 이동하고, 세포에서 혈액으로 이산화 탄소가 이동함.

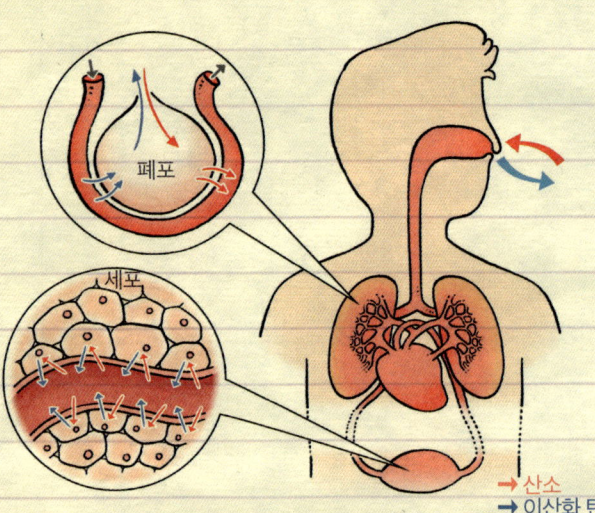

→ 산소
→ 이산화 탄소

2. ⓓ_____
  ① 세포가 영양소와 산소를 써서 에너지를 만드는 과정
  ② 세포가 에너지를 만들 때 이산화 탄소와 물이 생김.

ⓐ 산소 ⓑ 이산화 탄소 ⓒ 세포 ⓓ 세포 호흡

과학퀴즈 달인을 찾아라!

● 정답은 115쪽에

01

친구들이 이번 시간에 배운 내용에 대해 이야기하고 있어. 옳으면 O, 옳지 않으면 X를 표시해 줘.

① 잠을 잘 때에는 에너지가 필요 없어. (　　)
② 들숨보다 날숨에 이산화 탄소가 많아. (　　)
③ 몇 분만이라도 호흡이 끊기면 생명이 위험해질 수 있어. (　　)

02

아래 「보기」의 문장 속 괄호에 들어갈 말을 순서대로 이으면 어떤 모양이 나온대. 정답을 찾아서 어떤 모양이 나오는지 그려 봐.

> 보기
>
> 산소는 (　　)에서 혈액으로 이동하여 몸속 곳곳으로 퍼져.
> 혈액이 몸속 (　　)와 만나면, 산소는 (　　)에서 세포로 이동하여 (　　)를 만드는 데 쓰여.

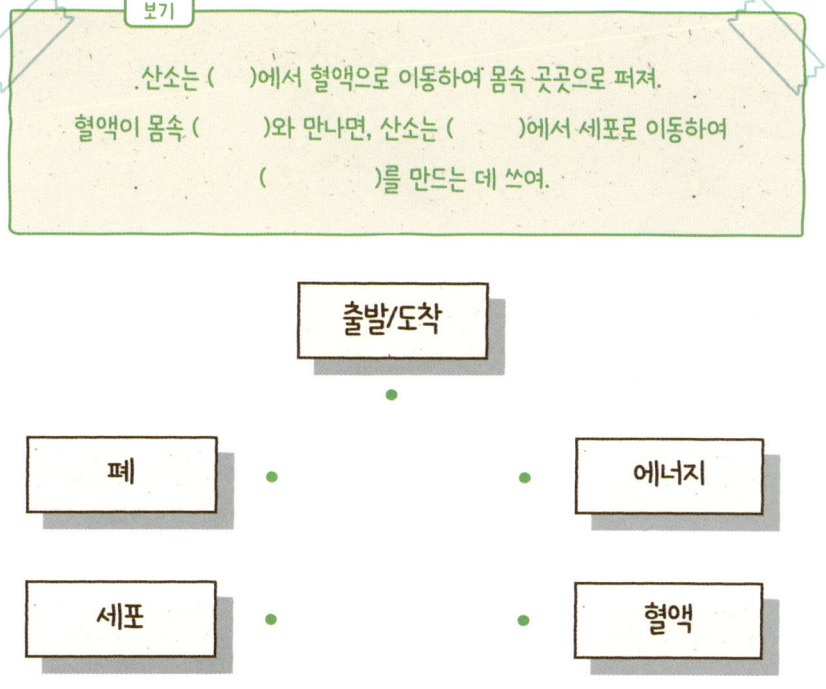

4교시 | 혈액

어린이가 헌혈을 할 수 없는 까닭은?

와, 헌혈하나 봐.

나도 헌혈하고 싶다!

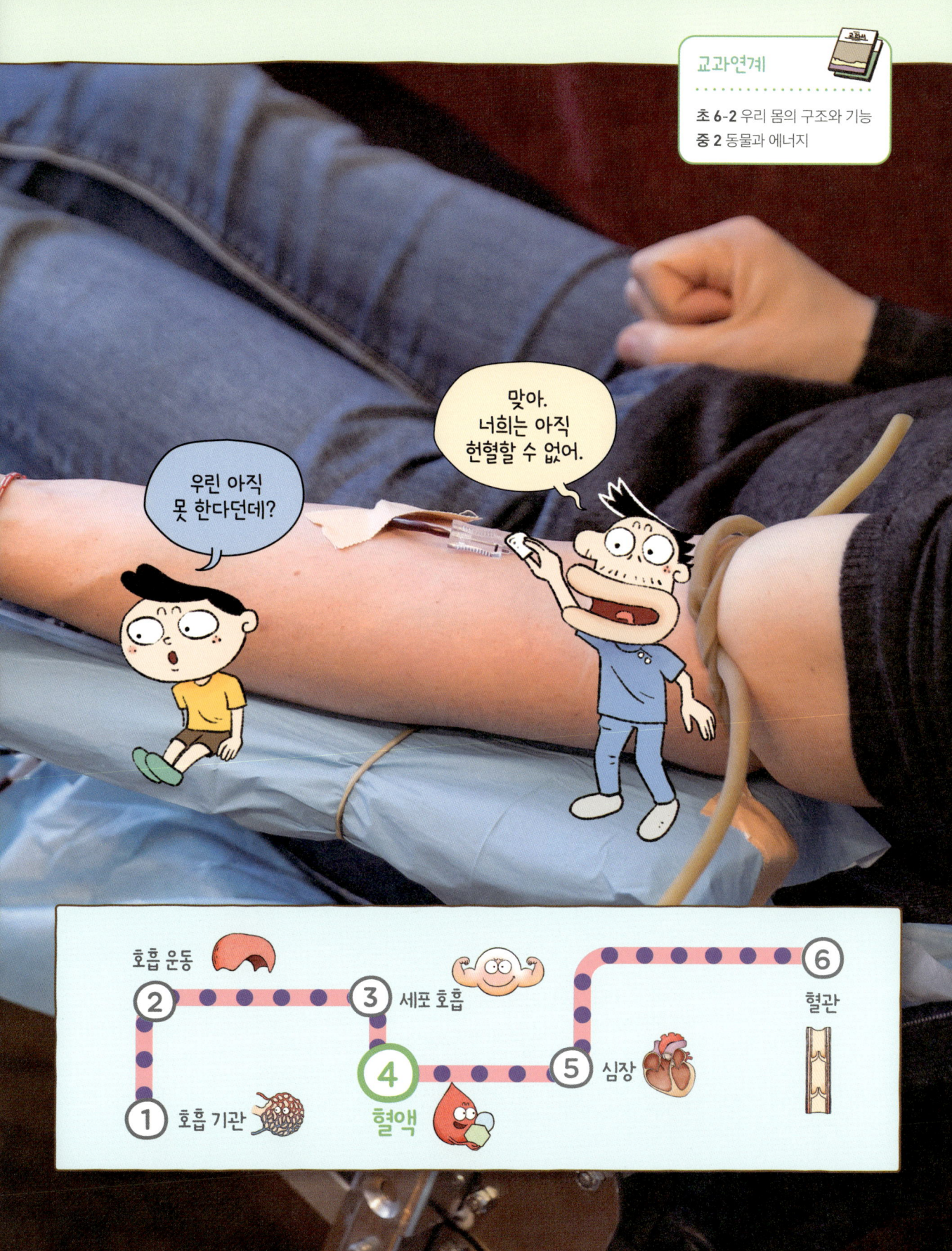

"얘들아, 여기 좀 봐! 헌혈하면 기념품으로 햄버거 교환권을 준대."

"진짜? 그럼 당장 해야지, 호호."

아이들은 학교 앞에 있는 헌혈 버스로 들어가려다, 버스에서 내리는 용선생을 만났다.

"얘들아! 여기 어쩐 일이니?"

"선생님도 헌혈하셨어요? 저희도 헌혈하려고요! 헤헤."

"이런……. 너희는 아직 헌혈할 수 없단다."

장하다가 뚱한 표정으로 물었다.

"네? 어째서요?"

"그건 과학실에 가서 차근차근 알아보자. 선생님이 준비한 간식도 먹으면서 말이야!"

"어휴, 꿩 대신 닭이지만 그렇게 해요."

혈액은 무엇으로 이루어져 있을까?

과학실로 들어선 용선생이 아이들을 향해 말했다.

"그나저나 너희들이 헌혈할 생각을 하다니, 정말 뜻밖인걸? 참 기특하구나!"

"그게 말이죠, 헌혈을 하면 햄버거를……."

그때 나선애가 장하다의 말을 가로채며 나섰다.

"흠흠! 근데 저희가 헌혈할 수 없는 까닭이 뭐예요?"

"하하, 그걸 알려면 우선 혈액에 대해 알아보는 게 도움이 될 거야. 흔히 피라고 부르는 혈액은 우리 몸 구석구석을 흐르며 끊임없이 돌아. 이걸 혈액이 순환한다고 하지. 혈액은 액체와 여러 가지 세포로 이루어져 있어."

"혈액에 세포가 있어요?"

"그래. 이 사진을 함께 볼까? 몸에서 빼낸 혈액을 기계에 넣어 나누면 혈액 속 세포들은 아래로 가라앉고, 위에는 노란 액체가 남아. 노란 액체는 '혈장'이라고 하고, 가라앉은 세포들은 '혈구'라고 불러."

곽두기가 사진을 가리키며 말했다.

"어, 가라앉은 혈구 색이 빨간 피 색깔과 같아요. 혹시 피가 빨간 게 혈구 때문인가요?"

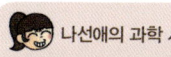

나선애의 과학 사전

순환 돌 순(循) 돌 환(環). 계속 돌고 도는 것을 말해.

▲ 혈구와 혈장으로 나뉜 혈액

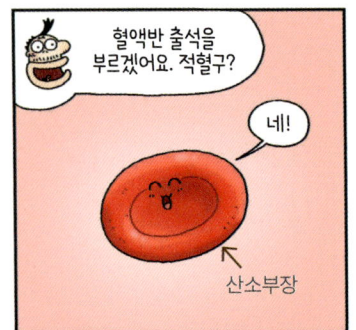

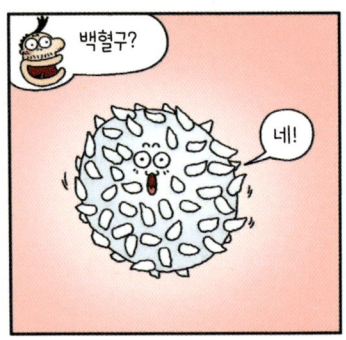

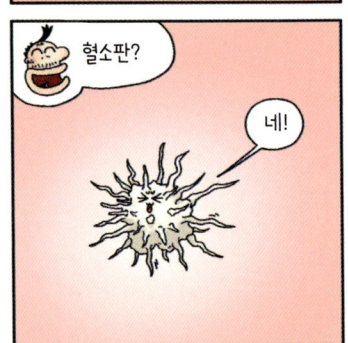

"맞아. 혈구는 적혈구, 백혈구, 혈소판 이렇게 세 종류가 있어. 이 중 붉은색을 띠는 적혈구의 수가 가장 많아서 혈액이 붉게 보이지."

"적혈구가 제일 많다고요? 무슨 일을 하는데요?"

"지난 시간에 혈액이 폐에서 산소를 얻는다고 배운 것 기억나지? 이때 산소는 혈액 속 적혈구와 결합한단다. 적혈구는 몸 구석구석에 있는 세포들에 산소를 운반하는 일을 해."

"오, 적혈구는 정말 중요한 일을 하는군요!"

"그래. 혈액 한 방울에만 수십억 개의 적혈구가 있어. 몸 속 혈액 전체로 따지면 약 20~30조 개가 있지."

"네? 그렇게나 많아요?"

"우리 몸을 이루고 있는 수십조 개의 세포에 쉼 없이 산소를 운반하려면 이 정도는 있어야지."

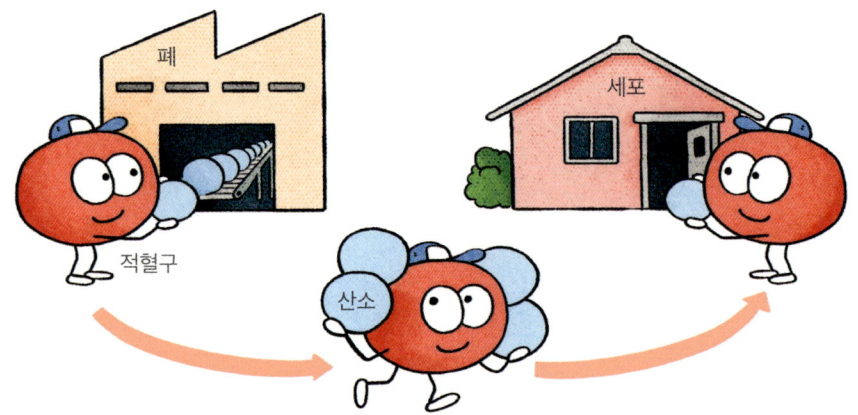

▲ **적혈구가 하는 일** 적혈구는 폐에서 산소를 받아 온몸의 세포로 운반해.

"헉! 세포도 엄청 많구나."

핵심정리

혈액은 혈장과 혈구로 이루어져 있어. 혈구에는 적혈구, 백혈구, 혈소판이 있는데, 적혈구는 산소와 결합하여 세포에 산소를 운반해.

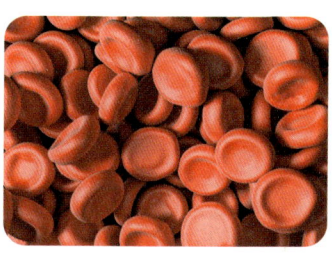
▲ **적혈구** 적혈구는 가운데가 움푹 파인 접시 모양으로, 머리카락보다 가는 혈관을 지나갈 만큼 작아.

용선생의 과학 현미경

적혈구의 탄생과 죽음

적혈구는 우리 몸의 세포 중에서 수가 가장 많아. 이 많은 적혈구는 모두 어디서 만들어지는 걸까?

적혈구를 포함하여 혈구는 '골수'라는 곳에서 만들어져. 골수는 뼈의 가장 안쪽에 있는데, 딱딱한 뼈의 겉 부분과 달리 말랑하고 부드러운 데다 혈액이 흐르는 혈관과 연결되어 있단다.

좀 더 자세히 들여다볼까?

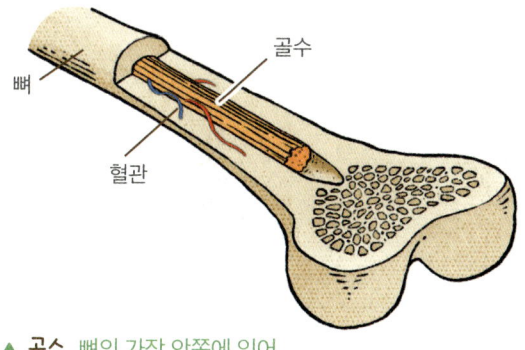
▲ **골수** 뼈의 가장 안쪽에 있어.

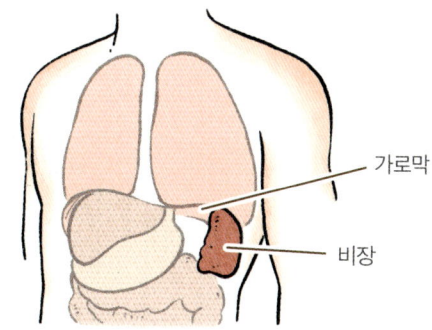
▲ **비장** 가로막 아래쪽, 몸의 등쪽에 위치해.

골수에서 만들어진 적혈구는 120일 정도 지나면 산소를 옮기는 능력이 크게 줄어들어. 이렇게 오래된 적혈구는 가로막 아래에 있는 '비장'이라는 곳에 저장되다가 파괴돼.

 혈액이 하는 또 다른 일은?

"그럼 이제 백혈구에 대해 알아볼까? 백혈구는 몸속에 들어온 세균이 병을 일으키지 않게 먹어 치워."

곽두기가 눈을 크게 뜨며 말했다.

"헉! 세균을 먹어 치운다고요? 엄청 중요한 일을 하네요."

"그렇다니까! 그러니 가만히 혈액 속에만 머무르면 안 되겠지? 백혈구는 혈액에서 빠져나와 세포 사이를 돌아다니며 세균이 있는지 감시한단다."

"혈액 속에 몸을 지켜 주는 세포가 있다니! 꼭 경찰 같아요."

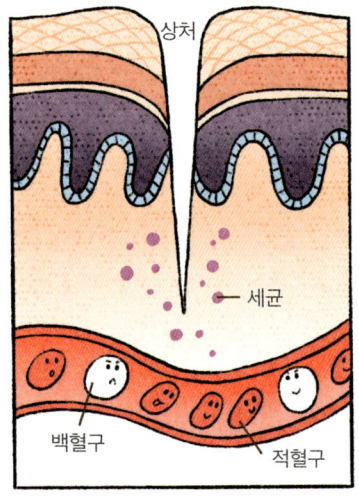 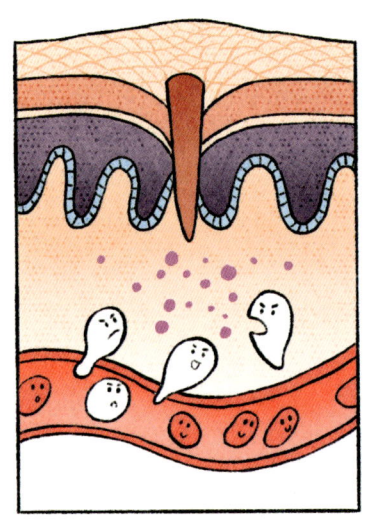 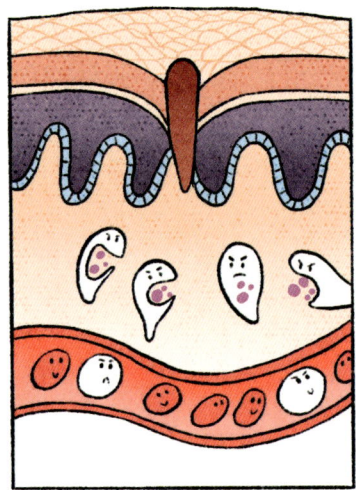

상처로 세균이 들어오면 백혈구가 알아채. | 백혈구가 혈관을 빠져나와 상처 난 곳으로 이동해. | 백혈구가 세균을 먹어 없애.

▲ 백혈구가 하는 일

"이번에는 혈소판에 대해 알아보자. 너희들 넘어져서 손이나 무릎이 까져 피가 난 적 있지? 몸에 상처가 나서 혈액이 몸 밖으로 흘러 나갈 때, 혈소판은 그 부위의 혈액을 굳게 해서 상처를 막아. 굳은 혈액은 딱지가 된단다."

"아하, 혈액이 굳어서 딱지가 되는군요."

"그래. 상처에 생긴 딱지는 혈액이 몸 밖으로 흘러나오는 것도 막지만, 밖에서 세균 같은 나쁜 물질이 들어오지 못하게 막아 주지. 그러니까 상처에 생긴 딱지는 뜯지 않는 게 좋아."

허영심이 용선생에게 물었다.

"선생님, 혈구 말고 혈장은 하는 일이 없나요?"

"물론 혈장도 중요한 일을 해. 혈장은 대부분 물인데, 여기에 세포에서 생긴 쓸모없고 해로운 물질인 노폐물도 녹아 있고, 음식을 소화하고 흡수한 영양소도 들어 있지."

"어째서 혈장 속에 영양소가 있어요?"

그러자 왕수재가 팔짱을 끼며 말했다.

"지난 시간에 배웠잖아. 세포에서 에너지를 만들려면 영양소가 필요하다고."

"그래. 잘 기억하고 있구나. 중요한 거니까 한 번 더 짚어 볼까? 우리 몸의 세포가 에너지를 만들어 살아가려면 영

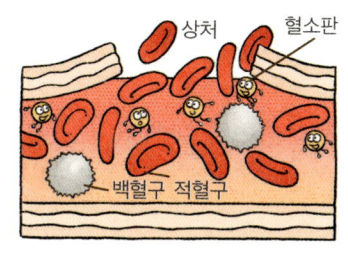

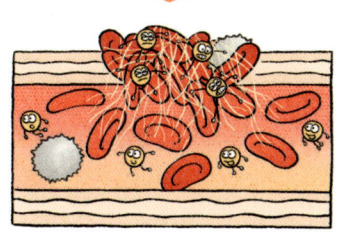

▲ **혈소판이 하는 일** 혈소판은 상처 난 곳에서 실 같은 물질을 만들어 혈액을 굳게 해.

용선생의 과학 현미경

혈액 속에 들어 있는 여러 종류의 노폐물은 몸 밖으로 내보내져. 날숨을 내쉴 때 나가기도 하고, 오줌이나 땀으로 나가기도 해.

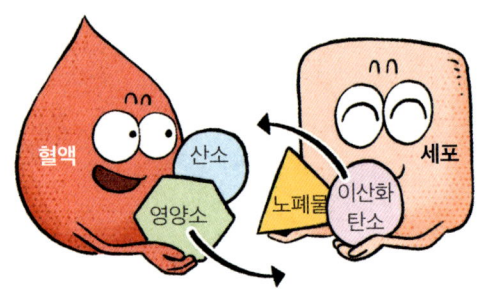

양소도 꼭 필요해. 혈액은 우리 몸 구석구석을 돌아다니면서 세포에 산소와 영양소를 전달하고, 세포에서 생긴 이산화 탄소와 노폐물을 받아 오지."

용선생은 잠시 아이들을 둘러보고 말을 이었다.

"게다가 혈장 속에는 양은 적지만 여러 종류의 단백질도 있어!"

"단백질이요? 그건 왜 있는데요?"

"단백질은 우리 몸을 이루기도 하고 여러 생명 활동도 일으키는 중요한 영양소로, 온몸의 세포에 전달돼야 해. 혈장에는 대표적으로 '알부민'이라는 단백질이 있는데, 알부민은 혈장 속 물이 세포 쪽으로 빠져나가지 않게 유지해 줘. 혈액에 물이 충분해야 혈관 속을 흘러 다닐 수 있겠지?"

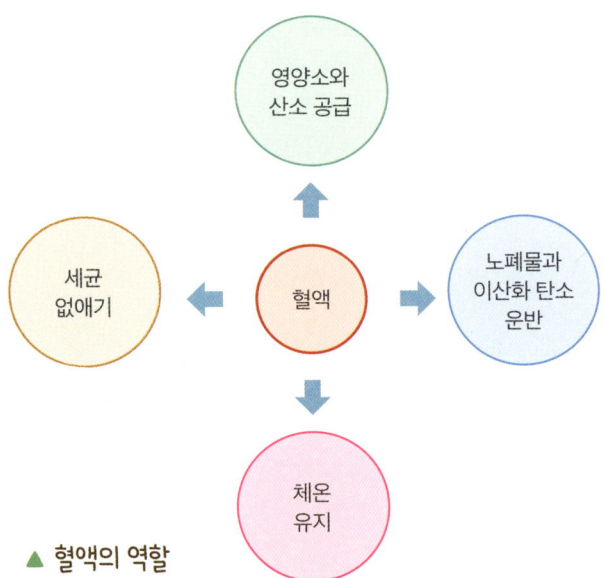

▲ 혈액의 역할

"네. 혈장에 물이 있어야 혈액이 잘 흐르겠네요."

"그럼. 혈액은 이렇게 온몸을 흐르면서 열을 골고루 전달하는 역할도 해. 그래서 우리 몸이 체온을 일정하게 유지할 수 있지."

핵심정리

백혈구는 세균을 없애고, 혈소판은 상처 난 곳의 혈액을 굳게 해. 혈액은 세포에 산소와 영양소를 전달하고, 노폐물을 옮겨 주며, 체온을 유지해.

 ### 헌혈은 아무나 할 수 없어!

"이야, 피가 하는 일이 이렇게나 많았다니! 그래서 피를 많이 흘리면 죽는 거군요."

"맞아. 몸속 혈액을 $\frac{1}{4}$ 이상 잃으면 목숨이 위험해져. 그래서 사고로 다치거나 병으로 수술을 할 때 혈액이 부족한 사람에게 다른 사람의 혈액을 공급하는데, 이게 수혈이야. 수혈이 필요한 경우를 대비해서 헌혈을 하는 거란다."

장하다가 벌떡 일어나 말했다.

"참, 저희는 어째서 헌혈할 수 없는 건가요?"

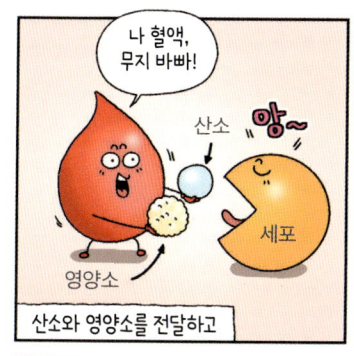

"고등학생이 되면 헌혈할 수 있겠다!"

"너희는 한창 자랄 때라서 에너지도 많이 필요하고 몸에 필요한 물질도 많아. 혈액이 이런 물질들을 온몸에 옮겨 주어야 너희가 쑥쑥 자랄 텐데, 헌혈을 해서 혈액이 몸속에서 빠져나가면 어떻게 되겠니?"

"몸에서 필요한 물질들이 금세 부족해지겠죠."

"맞아. 그러면 제대로 자라지 못하고, 오히려 건강을 해칠 수도 있어. 그래서 몸이 어느 정도 자란 만 16세가 넘어야 헌혈할 수 있도록 법으로 정해져 있단다."

"우웅, 빨리 커서 헌혈하고 싶어요!"

"하지만 헌혈할 수 있는 나이가 되어도 혈액이 건강하지 않으면 헌혈할 수 없다는 사실!"

"네? 피가 건강한지 어떻게 알아요?"

"헌혈 전에 간단한 검사를 해서 혈액 속 적혈구가 정상인지 확인해. 또, 헌혈 후에도 질병은 없는지, 혈소판과 백혈구가 정상인지 추가로 검사해서 기준을 통과해야만 그 혈액을 다른 환자에게 수혈할 수 있단다."

"어휴, 정말 아무나 헌혈할 수 있는 게 아니군요?"

"그럼. 너희들 그거 아니? 혈액 전체를 그대로 헌혈하기도 하지만, 혈액 중 일부 성분만 헌혈할 수도 있어. 주로 혈장이나 혈소판만 따로 모은 다음 나머지 성분은 헌

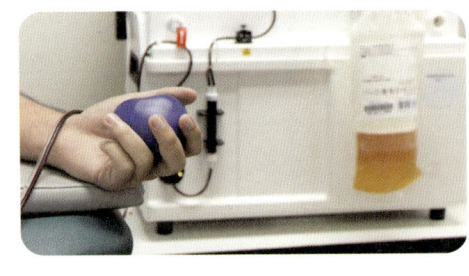

▲ **혈장 헌혈** 혈액에서 혈장을 걸러 내고, 나머지는 헌혈한 사람의 몸 속으로 되돌려 줘.

혈한 사람의 몸속에 되돌려 주지."

"그냥 다 주면 될 텐데, 어째서 혈장이나 혈소판만 따로 모아서 헌혈해요?"

"수혈받는 사람이 걸린 질병에 따라서 혈장이나 혈소판만 필요한 경우가 있거든. 이때 혈액 전체를 수혈하면 오히려 수혈받은 사람의 혈액량이 늘어나서 몸에 무리가 갈 수도 있지."

"피가 많아도 문제가 될 수 있군요? 전혀 몰랐어요."

"헌혈한 혈액은 환자들에게 아주 소중하게 쓰인단다. 이런 걸 생각하면 헌혈은 진지한 마음가짐으로 해야 하는 거야. 단순히 기념품을 얻을 생각이라면 곤란해."

"쩝, 알겠어요."

"대신 오늘 내가 헌혈하고 받은 햄버거 교환권으로 햄버거를 사 주마."

"와! 선생님, 최고! 나중에 커서 헌혈하고 기념품 받으면 꼭 선생님께 드릴게요!"

핵심정리

헌혈은 만 16세가 넘어야 할 수 있고, 혈액이 건강해야 해. 혈액 전체를 그대로 헌혈할 수도 있고, 일부 성분만 헌혈할 수도 있어.

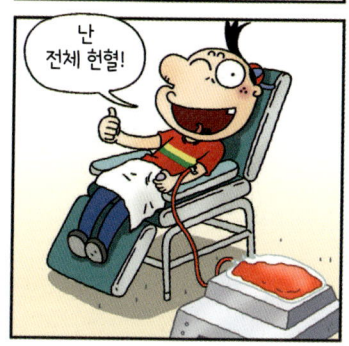
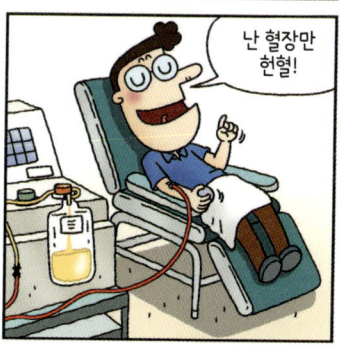

나선애의 정리노트

1. 혈액의 구성
① ⓐ [　　] : 붉은색을 띠고 있으며, 산소를 운반함.
② 백혈구: 몸속에 들어온 세균을 먹어 없앰.
③ ⓑ [　　] : 상처 부위의 혈액을 굳게 함.
④ 혈장: 주로 ⓒ [　] 로 이루어져 혈액이 흐를 수 있게 함.

2. 혈액의 역할
① 세포에 산소와 ⓓ [　　] 를 전달함.
② 세포가 에너지를 만들 때 생긴 이산화 탄소와 ⓔ [　　] 을 받아옴.
③ 외부에서 들어온 세균으로부터 몸을 지켜 줌.
④ 온몸에 열을 전달하여 체온을 일정하게 유지시킴.

- 영양소와 산소 공급
- 세균 없애기 ← 혈액 → 노폐물과 이산화 탄소 운반
- 체온 유지

ⓐ 적혈구 ⓑ 혈소판 ⓒ 물 ⓓ 영양소 ⓔ 노폐물

 **과학퀴즈** 달인을 찾아라!

● 정답은 115쪽에

01

친구들이 이번 시간에 배운 내용에 대해 이야기하고 있어. 옳으면 O, 옳지 않으면 X를 표시해 줘.

① 혈액 속에 가장 많은 혈구는 백혈구야. (　　)
② 혈장 속에는 영양소가 녹아 있어. (　　)
③ 몸에 있던 혈액 그대로만 헌혈할 수 있어. (　　)

02

친구들이 미로를 통과하려고 해. 혈구와 관련된 낱말을 따라가면 출구를 찾을 수 있대. 친구들이 출구를 찾을 수 있게 도와줘.

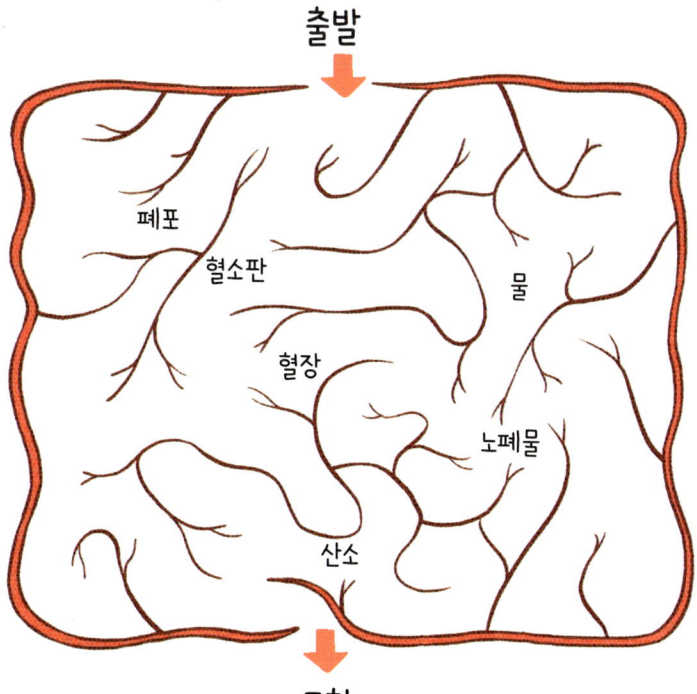

용선생의 과학 카페 | 용선생의 한국사 카페 | 용선생의 세계사 카페

https://cafe.naver.com/yongyong

용선생의 과학 카페

과학계의 핵인싸,
용선생의 과학 카페에
오신 걸 환영합니다.

Log in

MENU
- 물리면 아프다
- 화학이 화하하
- 생물 오징어
- 지구는 둥글다

잠수를 오래 하는 비결은?

혹시 수영을 하며 잠수해 본 적 있니? 아마 숨을 오래 참지 못하고 몇 초 만에 물 밖으로 나왔을 거야. 그런데 어떤 사람들은 그보다 훨씬 오래 잠수할 수 있단다. 그 비결을 함께 알아볼까?

▲ **제주도 해녀** 해녀는 한 번에 1~2분, 한 시간에 20~30회, 하루에 총 7~8시간을 잠수해.

우리나라 남해안이나 제주도에는 바닷속에 잠수하여 해산물을 따는 '해녀'가 있어. 해녀는 특별한 장비 없이도 오래도록 숨을 참으며 잠수하지. 그 첫 번째 비결은 폐활량이야. 해녀들은 평범한 사람들보다 폐활량이 큰 편이지. 그래서 폐 속에 더 많은 공기를 품을 수 있고, 세포에 공급하는 산소도 더 많아.

또 다른 비결은 바로 적혈구야. 해녀처럼 산소가 부족한 상황을 자주 겪는 사람들은 산소가 필요할 때 순간적으로 적혈구 수가 늘어날 수 있어. 비장이라는 곳에 저장해 둔 오래된 적혈구를 다시 혈액 속으로 내보내거든. 이 적혈구에도 산소가 결합해 있으니까 결국 몸에 산소를 공급하는 셈이지. 해녀의 경우 비장의 크기가 커서 공급

되는 적혈구의 양도 많단다.

그런가 하면 동남아시아에 사는 '바자우 라우트'라는 부족은 물 위에 집을 짓고 생활하며 오랜 시간을 물속에서 보낸단다. 이들은 보통 사람들보다 비장의 크기가 무려 1.5배 이상 커서 잠수에 아주 뛰어나. 최대 13분까지도 숨을 참을 수 있다니 정말 놀랍지 않니?

장하다의 오답을 피하는 방법
나선애의 야무진 실험실
왕수재의 아는 척 과학교실
허영심의 별 헤는 밤
곽두기의 빅뱅 따라잡기

▲ 바자우 라우트 부족의 마을

▲ 잠수하는 바자우 라우트 부족 아이들

▲ 바자우 라우트 부족이 사는 지역

COMMENTS

- 수영장 잠수 시합에서 이길 방법을 드디어 찾았어!
  - 어떤 방법인데?
  - '비장'한 표정을 지으면 비장이 커질 거야.
  - 하아, 두기가 장하다를 닮아 간다….

5교시 | 심장

혈액은 어떻게 온몸을 돌까?

마네킹 가슴을 누르고 있어!

심장이 멈췄을 때 다시 뛰게 하는 방법이래.

　과학실에 들어선 아이들이 청진기를 들고 있는 나선애에게 다가가 물었다.
　"나선애! 혼자서 뭐 해? 재미있는 거면 우리도 같이 하자."
　"책상에 청진기가 있길래, 내 심장 소리를 들어 보고 있어. 너희도 한번 해 봐."
　용선생은 청진기로 소리를 듣는 아이들을 보고 웃으며 말했다.
　"오호, 다들 열심인걸? 아직 수업 시작도 안 했는데 말이야. 심장 소리 잘 들리니?"
　"네! 청진기로 들으니까 심장 소리가 엄청 크게 들려요. '쿵쾅쿵쾅' 하고 말이에요!"
　그때 허영심이 손을 들고 물었다.
　"근데 심장에서는 왜 소리가 계속 나요?"

 ## 심장은 어떻게 생겼을까?

"지난 시간에 혈액이 우리 몸 구석구석을 순환한다고 했지? 우리 몸에 혈액을 순환시키면서 여러 가지 물질을 나르는 기관들을 '순환 기관'이라고 해. 혈액이 흐르는 통로인 혈관, 그리고 혈액을 뿜어서 혈관 속을 흐르게 해 주는 심장이 순환 기관에 속하지."

"심장이 혈액을 뿜어 준다고요?"

"그렇단다. 먼저 심장이 어떻게 생겼는지 살펴보자. 그림을 보면 심장이 혈액을 어떻게 뿜어 주는지 이해하기 쉬울 거야."

용선생은 화면을 띄웠다.

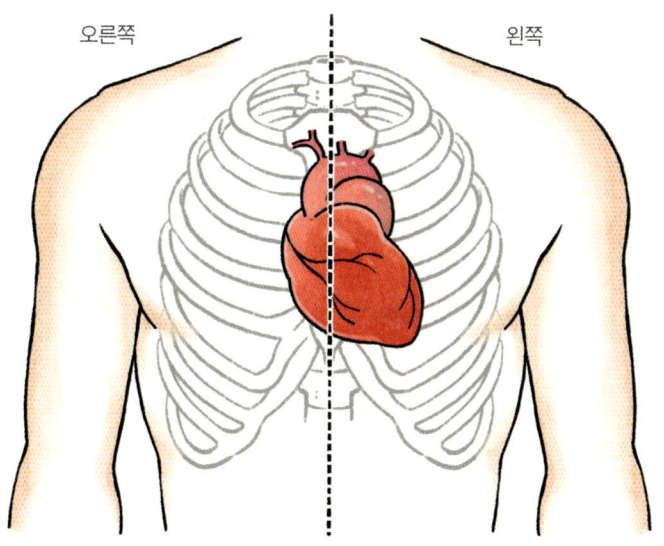

▲ **심장의 위치** 심장은 가슴의 앞쪽 한가운데에서 약간 왼쪽에 있어. 폐와 함께 흉강 안쪽에 위치해.

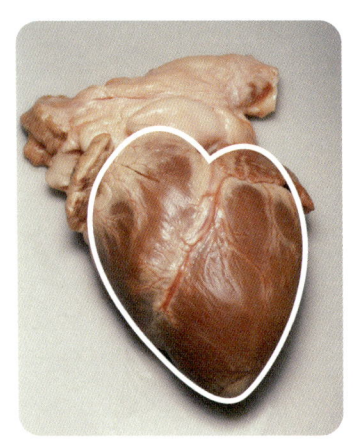

▲ **사람의 심장** 심장은 하트 모양으로 생겼어.

"아까 청진기로 심장 소리가 잘 들리는 부분을 찾았니? 심장은 가슴 가운데에서 약간 왼쪽에 있어. 대부분 근육으로 이루어져 있고, 크기는 우리 주먹보다 조금 커. 심장을 영어로 '하트(heart)'라고 부르지."

"선생님, 심장은 정말 하트 모양이에요?"

"하하, 그런 셈이지. 심장에 붙어 있는 혈관을 빼고 겉모습만 보면 하트 모양이야. 심장 안쪽은 오른쪽과 왼쪽, 그리고 위아래 이렇게 네 곳으로 나뉘어 있어. 위에 있는 두 곳은 심방, 아래에 있는 두 곳은 심실이라고 불러."

용선생은 화면을 바꿨다.

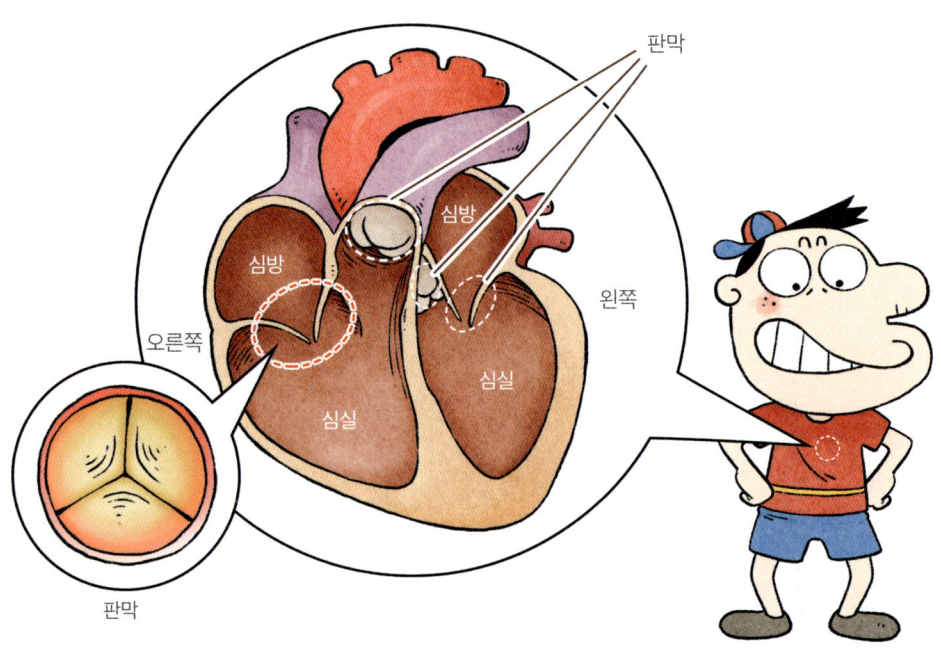

▲ **심장의 구조** 심장은 심방 두 개, 심실 두 개로 나뉘어 있고, 판막이 네 개 있지.

"근데 오른쪽, 왼쪽 표시가 바뀐 거 아닌가요?"

곽두기가 고개를 갸웃거리며 물었다.

"오, 잘 봤어. 보는 사람의 방향이 아니라 자신의 심장을 기준으로 오른쪽, 왼쪽을 표시한 거야."

아이들은 저마다 가슴에 손을 올리고 "오른쪽, 왼쪽." 하며 중얼거렸다.

"하하. 심장 안쪽을 잘 보면 판막이라는 게 있어."

"판막? 그건 뭐예요?"

"판막은 얇은 막인데 열리고 닫히기를 계속 반복해. 그래서 혈액을 한쪽 방향으로만 흐르게 하고, 거꾸로 흐르는 걸 막아 줘."

"오호, 심장에 그런 게 있군요."

"그래. 판막은 심방과 심실 사이, 그리고 심실과 혈관 사이까지 모두 네 곳에 있어. 너희가 아까 들었던 쿵쾅거리는 소리는 열렸던 판막들이 닫히는 소리야."

"우아! 그게 판막이 내는 소리였어요?"

 핵심정리

혈액을 순환시키는 일을 하는 심장과 혈관을 순환 기관이라고 해. 심장은 가슴 한가운데에서 약간 왼쪽에 위치해. 심장은 심방 두 개, 심실 두 개로 나뉘어 있고 판막이 네 개 있어.

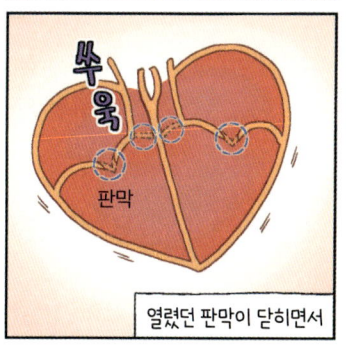

심장은 이렇게 움직여!

장하다가 입술을 삐쭉 내밀며 말했다.

"흠, 전 그 소리가 심장이 뛰면서 나는 소리라고 생각했는데……."

"하하, 같은 말이야. 심장이 움직이는 걸 흔히 심장이 뛴다고 표현하지. 심장이 움직일 때 열렸던 판막이 닫히면서 소리가 나고, 혈액이 뿜어져 나가."

"심장이 어떻게 움직이는데요?"

"심장은 쪼그라들었다가 원래 모양으로 되돌아오는 운동을 해. 이때 쪼그라드는 걸 수축, 원래 모양으로 되돌아오는 걸 이완이라고 부르지."

"수축과 이완이요?"

"그래. 심장이 일정한 간격으로 수축과 이완을 반복하는 걸 심장 박동이라고 해. 심장 박동을 통해서 심장에서 뿜어져 나간 혈액이 온몸을 돌아."

"오호, 심장 박동 덕분에 혈액이 순환하는군요."

"응. 그런데 그거 아니? 심장 박동이 일어날 때 심방은 심방끼리, 심실은 심실끼리 번갈아 가며 수축한단다."

"어, 한꺼번에 수축하지 않고요?"

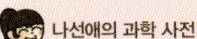
나선애의 과학 사전

수축 거두어들일 수(收) 오그라들 축(縮). 오그라들거나 줄어드는 걸 말해.

이완 느슨할 이(弛) 늦출 완(緩). 풀어져 느슨해지거나 원래대로 돌아가는 걸 말해.

용선생의 과학 현미경

열 살 이상의 사람은 보통 1분에 70회 정도 심장 박동이 일어나.

"그래. 심장 박동이 일어나는 과정을 살펴볼까?"
용선생은 화면을 바꿨다.

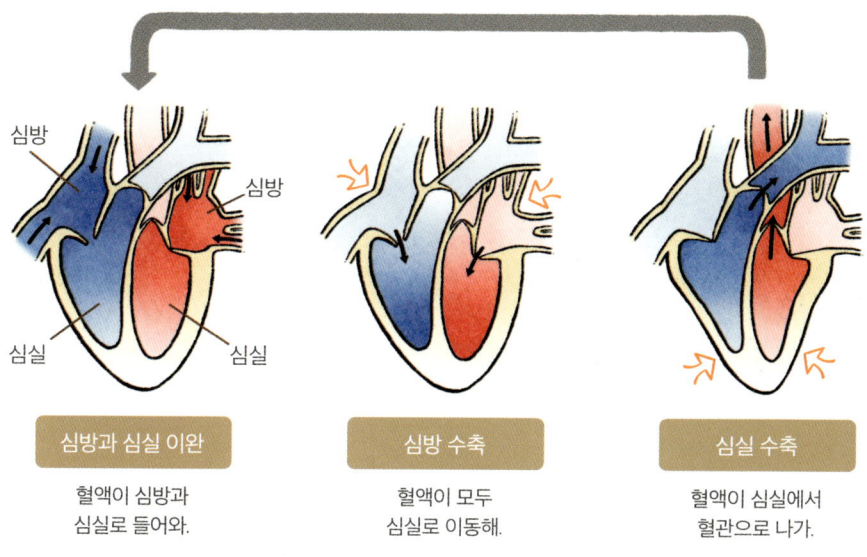

▲ 심장 박동이 일어나는 과정

"심장이 이완되면 혈액은 먼저 심방을 거쳐 심실까지 들어와. 그리고 심방이 수축하면 심방 속 혈액이 모두 심실로 내보내져. 그다음 심실이 수축하여 심실 속 혈액이 혈관으로 뿜어져 나가지."

나선애가 노트 필기를 멈추며 물었다.

"왜 한꺼번에 움직이지 않고 따로 움직여요?"

"만약 심장이 한꺼번에 수축하면, 심장 속에 있는 혈액이 사방으로 뿜어져서 들어온 혈관으로 도로 나갈 수도 있어. 혈액이 처음 들어오는 심방이 먼저 수축하여 심실에 혈액을 보내고, 그 다음에 심실이 수축해야 혈액이 한쪽으로만 흐를 수 있지."

아이들이 고개를 끄덕이자 용선생은 말을 이었다.

"자, 다시 화면에 있는 심장의 구조를 자세히 관찰해 볼래? 심실의 바깥쪽 벽 두께를 잘 살펴봐."

"어? 왼쪽 심실이 오른쪽 심실보다 벽이 두꺼워 보이는데요?"

"잘 봤어. 왼쪽 심실에서 혈액을 뿜을 때 더 많은 힘이 필요해서 근육이 세 배나 두꺼운 거야."

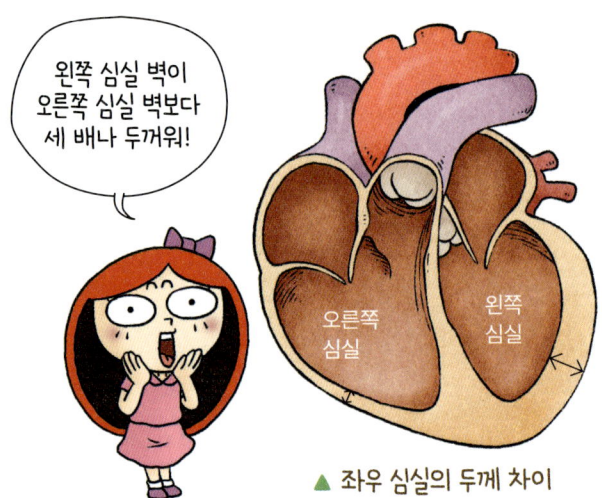

▲ 좌우 심실의 두께 차이

"오른쪽 심실에선 혈액을 안 뿜나요?"

"아니, 두 심실 모두 혈액을 뿜어. 다만 오른쪽 심실과 왼쪽 심실에서 나간 혈액이 각기 가는 곳이 달라. 오른쪽 심실의 혈액은 심장 바로 옆에 있는 폐로 가지만, 왼쪽 심실에서 나간 혈액은 머리부터 발끝까지 온몸을 돌아. 그래서 왼쪽 심실은 더 두꺼운 근육으로 강하게 수축해서 혈액을 뿜어내."

"오호, 온몸으로 혈액을 뿜으려면 강한 힘이 필요하긴

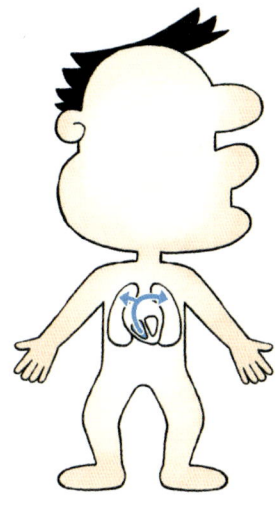
오른쪽 심실에서 나간 혈액은 양쪽 폐로 가.

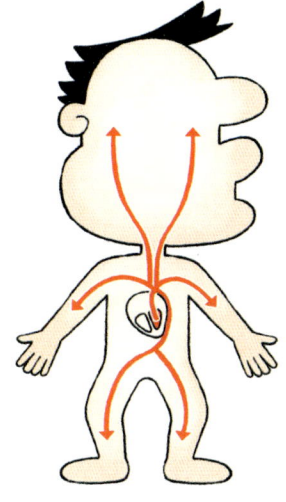
왼쪽 심실에서 나간 혈액은 온몸으로 가.

▲ 심실에서 나간 혈액이 가는 곳

하겠네요. 근데 뿜는 힘이 얼마나 강해요?"

"만약 심장이 물을 뿜는 펌프라면 왼쪽 심실이 한 번 수축할 때 물기둥이 1m 넘게 솟구칠 거야."

"네? 겨우 주먹만 한 심장이 한 번 수축해서 물이 1m나 올라간다고요?"

왕수재가 놀랍다는 듯 자신의 주먹을 쳐다보았다.

"하하, 놀랍지? 그래서 심장이 멈춘 환자를 살리기 위해 심폐 소생술을 할 때에는 환자의 심장이 있는 가슴 부분을 아주 힘껏 반복하여 누른단다. 멈춘 심장 박동을 대신하여 혈액을 뿜을 수 있게 돕는 거지."

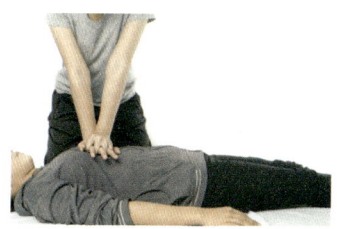
▲ **심폐 소생술** 심장 박동과 호흡이 멈춘 환자에게 하는 응급 처치야. 가슴 한가운데를 반복해서 강하고 빠르게 눌러 멈춘 심장 박동 대신 혈액을 뿜어내.

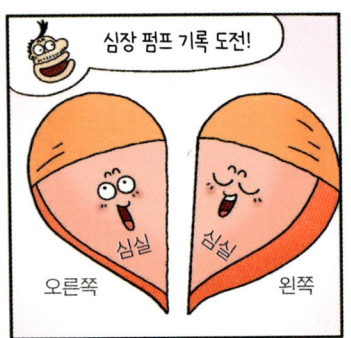
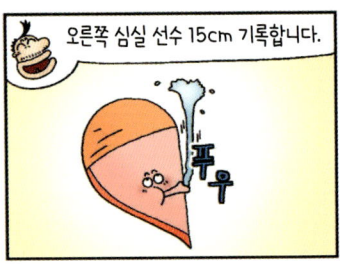

"와! 그래서 가슴 부분을 누르는 거였군요! 기회가 되면 심폐 소생술을 꼭 배워 보고 싶어요."

핵심정리

심장은 일정한 간격으로 수축과 이완을 반복하는 심장 박동을 해. 온몸으로 혈액을 보내는 왼쪽 심실은 폐로 혈액을 보내는 오른쪽 심실보다 벽이 두꺼워.

다시 돌고, 돌고, 돌아!

허영심이 손을 들고 물었다.

"그런데 오른쪽 심실의 혈액은 왜 폐로 가는 거예요?"

"좋은 질문이야. 같이 차근차근 알아보자. 지난 시간에 혈액이 온몸을 돌며 세포에 필요한 물질을 전해 주고, 필요 없는 물질을 받아 온다고 한 것 기억나니?"

"음……. 조금요."

장하다가 머뭇거리자 용선생이 웃으며 말했다.

"혈액은 온몸을 돌며 세포에 산소와 영양소를 전해 주고, 세포에서 이산화 탄소와 노폐물을 받아."

"아하! 이제 기억나요."

"하하, 다행이구나. 혈액은 심장에서 뿜어져 나간다고 했지? 심장에서 혈액이 나가는 혈관을 동맥이라 하고, 온몸을 돈 혈액이 심장으로 들어오는 혈관을 정맥이라고 해. 동맥에 흐르는 혈액인 동맥혈에는 산소가 풍부하지."

"흠, 그러면 정맥에는 정맥혈이 흐르나요?"

"맞아! 정맥혈에는 세포에서 받은 이산화 탄소가 많지. 정리하자면, 심장에서 나온 동맥혈은 온몸을 돌고 정맥혈이 되어 심장으로 다시 돌아가."

허영심이 눈을 크게 뜨며 말했다.

"그러면 정맥혈이 또 심장을 통해 나가서 온몸을 돌아요? 정맥혈에는 이산화 탄소가 많다면서요."

"당연히 그래선 안 되겠지? 온몸을 돌고 오른쪽 심방으로 들어온 정맥혈은 오른쪽 심실에서 뿜어져 나가서 폐로 가. 폐로 간 혈액은 폐포를 만나 기체를 교환해서 이산화 탄소는 적어지고 산소가 많아지지. 한마디로 다시 산소가 풍부한 동맥혈이 돼! 그다음 폐에서 심장으로 돌아오지."

"아! 그래서 심장으로 들어온 혈액이 폐로 가는군요."

용선생은 고개를 끄덕이며 말했다.

"응. 이렇게 이산화 탄소가 많은 정맥혈이 심장에서 폐로 가서 산소가 많은 동맥혈이 되어 심장으로 돌아오는 과정

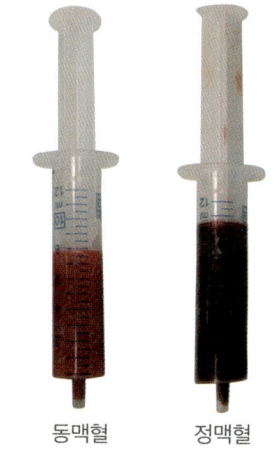

동맥혈　정맥혈

▲ **동맥혈과 정맥혈** 산소가 풍부한 동맥혈은 밝은 붉은색을 띠고, 이산화 탄소가 많은 정맥혈은 검붉은색을 띠어.

▶ **폐순환** 오른쪽 심실에서 나간 정맥혈은 폐에서 동맥혈이 되어 왼쪽 심방으로 돌아와.

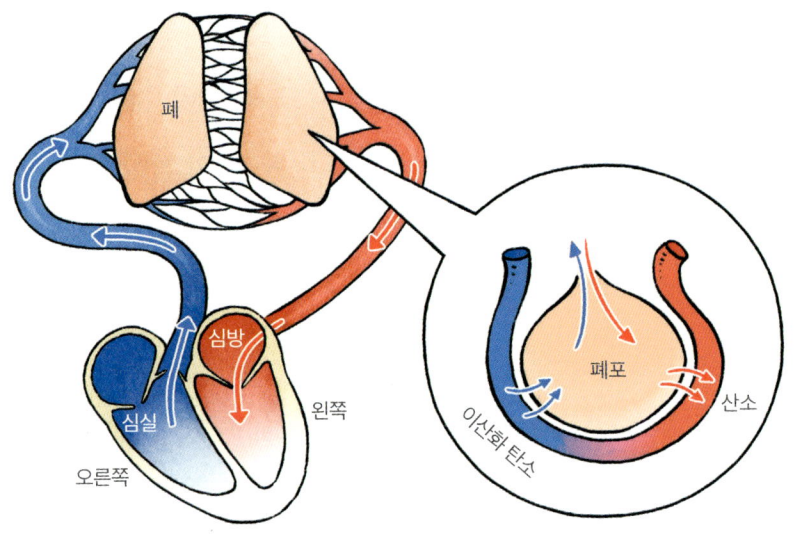

 용선생의 과학 현미경

동맥에는 동맥혈이 흐르고 정맥에는 정맥혈이 흐르지만, 폐순환에서는 그 반대야. 심장에서 폐로 나가는 혈관은 동맥이지만 정맥혈이 흘러. 또, 폐에서 심장으로 들어가는 혈관은 정맥이지만 동맥혈이 흐르지.

을 폐순환이라고 해."

"이제 보니 폐는 혈액에 산소를 충전해 주는 곳이네요."

"맞아! 폐순환을 통해 동맥혈이 된 혈액은 심장의 왼쪽 심방으로 돌아와. 그리고 왼쪽 심실로 가서 온몸으로 뿜어져 나가 순환을 하고, 정맥혈이 되어 오른쪽 심방으로 다시 돌아온단다. 이 과정을 온몸 순환이라고 해."

"폐순환과 온몸 순환이라……. 혈액은 돌고 도네요."

왕수재가 팔짱을 끼며 물었다.

"혈액은 이런 순환을 하루에 몇 번이나 하나요?"

"혈액이 온몸을 한 바퀴 순환하는 데 1분쯤 걸리니까, 하루 24시간 동안 약 1,440번을 순환하는 셈이지."

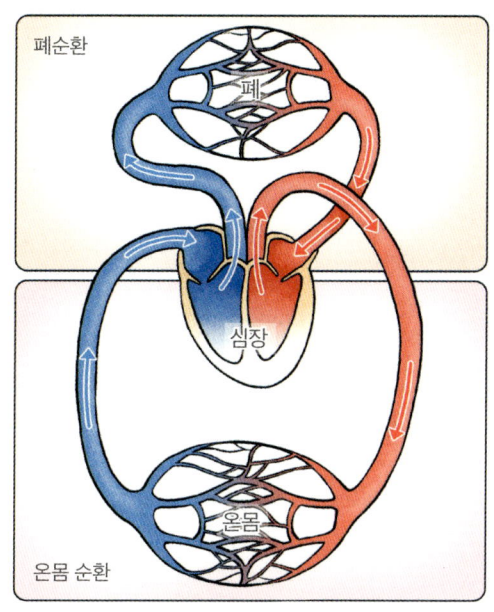

▲ 혈액의 순환 과정

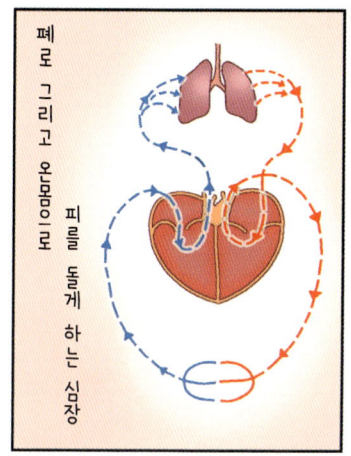

"헉! 혈액 순환이 그렇게 여러 번 일어나요?"

"그렇다니깐! 운동을 꾸준히 하면 심장 근육이 튼튼해져서 혈액 순환에도 도움이 된단다."

"오호, 심장이 튼튼해지려면 운동을 열심히 해야겠네요! 누구 축구하러 갈 사람?"

장하다가 슬금슬금 일어나자 모두 웃음을 터뜨렸다.

 핵심정리

심장으로 들어온 정맥혈은 폐로 가서 동맥혈이 되어 심장으로 돌아오는 폐순환을 해. 심장에서 나간 동맥혈은 온몸을 돌아 정맥혈이 되어 심장으로 돌아오는 온몸 순환을 하지.

나선애의 정리노트

1. 심장
① 가슴 한가운데에서 약간 ⓐ_____ 에 있음.
② 주먹보다 조금 크고, 대부분 ⓑ_____ 으로 되어 있음.
③ 심방 두 개와 심실 두 개로 나뉘어 있고, 판막이 네 개 있음.
④ 심장 박동: 심장이 일정한 간격으로 ⓒ_____ 과 이완을 반복하는 운동

2. 혈액의 순환
① ⓓ_____ : 정맥혈이 심장에서 폐로 가 동맥혈이 되어 심장으로 돌아오는 과정
② 온몸 순환: ⓔ_____ 이 심장에서 온몸으로 가 정맥혈이 되어 심장으로 돌아오는 과정

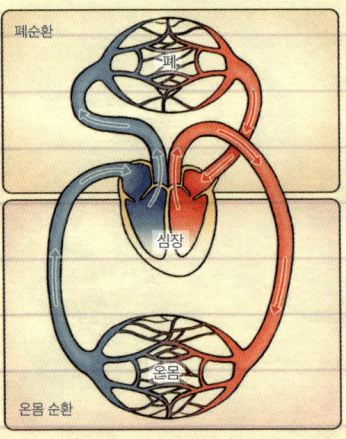

ⓐ 오른쪽 ⓑ 근육 ⓒ 수축 ⓓ 폐순환 ⓔ 동맥혈

과학퀴즈 달인을 찾아라!

● 정답은 115쪽에

01

친구들이 이번 시간에 배운 내용에 대해 이야기하고 있어. 옳으면 O, 옳지 않으면 X를 표시해 줘.

① 심장이 쿵쾅거리는 소리는 열렸던 판막이 닫히는 소리야. (   )

② 심장 전체는 한꺼번에 수축과 이완을 해. (   )

③ 왼쪽 심실의 벽이 오른쪽 심실의 벽보다 두꺼워. (   )

02

왕수재가 보물찾기 게임을 하면서 퀴즈가 적힌 쪽지를 찾았어. 쪽지의 빈칸을 모두 채우면 상품을 탈 수 있대. 왕수재가 퀴즈를 풀 수 있게 도와줘.

<아래 글에서 □에 들어갈 글자를 적으시오.>

온몸을 돌고 오른쪽 심□으로 들어온 정맥혈은
오른쪽 심□을 거쳐 폐로 가서 동맥혈이 돼.
동맥혈은 왼쪽 심□으로 돌아온 다음
왼쪽 심□에서 뿜어져 나가서 다시 온몸을 돌아.

👉 정답은 □□□□ 이야!

| 용선생의 과학 카페 | 용선생의 한국사 카페 | 용선생의 세계사 카페 | |

https://cafe.naver.com/yongyong

용선생의 과학 카페

과학계의 핵인싸,
용선생의 과학 카페에
오신 걸 환영합니다.

Log in

MENU

물리면 아프다
화학이 화하하
생물 오징어
지구는 둥글다

심장에 전기가 흐른다고?

우리 몸에 있는 근육의 대부분은 원하는 대로 움직이고 멈출 수 있지만, 심장은 그렇지 않아. 심장이 멈추면 사람이 죽으니까, 심장 근육은 우리가 따로 명령을 내리지 않아도 스스로 신호를 만들어 보내며 끊임없이 움직여.

어떤 신호를 보내냐고? 바로 찌릿찌릿한 전기 신호야. 심장의 전기 신호는 심장으로 들어오는 정맥과 오른쪽 심방이 만나는 곳에서 생겨나. 이후 심장 전체로 퍼져 나가서 심장을 뛰게 한단다.

때로 심장에 이상이 생겨 전기 신호를 잘못 만들면 심장이 제대로 뛰지 않아 목숨이 위험할 수 있어. 이런 환자는 몸속에 인공 심장 박동기를 넣어 안전하게 심장 박동을 일으키기도 해.

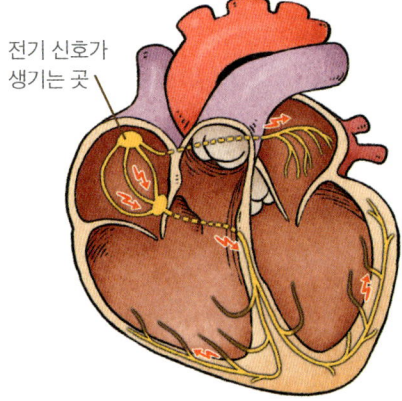

◀ 심장의 전기 신호는 오른쪽 심방에서 생겨나서 심장 전체로 퍼져 나가.

▶ 몸속에 인공 심장 박동기를 넣은 환자의 엑스선 촬영 사진

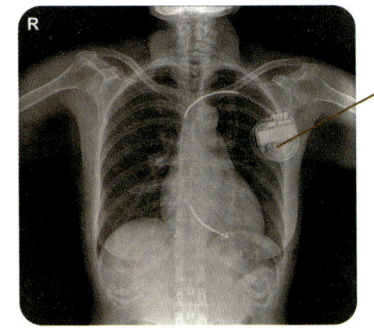

인공 심장 박동기

심폐 소생술을 할 때에도 전기 충격을 줘서 심장을 다시 뛰게 할 수 있다는 거 아니? 심장이 멈췄을 때 심장 근처를 빠르고 세게 눌러 혈액이 순환하게 하는 것도 중요하지만, 심장 스스로 전기 신호를 만들어 다시 뛰게 할 수 있다면 바로 문제가 해결되거든.
사람이 갑자기 심장이 멈춰 쓰러지는 경우를 대비해, 지하철역 같은 공공장소에는 자동 심장 충격기가 마련되어 있어. 심폐 소생술을 통해 혈액을 순환시키면서, 자동 심장 충격기로 심장에 전기 충격을 주어 심장이 다시 스스로 움직이면, 환자의 생명을 구할 수 있지. 하지만 사용법을 모르는 상태로 함부로 쓰면 위험하니 반드시 심폐 소생술 교육을 받은 뒤에 사용해야 한단다!

장하다의 오답을 피하는 방법
나선애의 야무진 실험실
왕수재의 아는 척 과학교실
허영심의 별 헤는 밤
곽두기의 빅뱅 따라잡기

"지하철역에서 봤어!"

▶ 지하철역에 있는 자동 심장 충격기

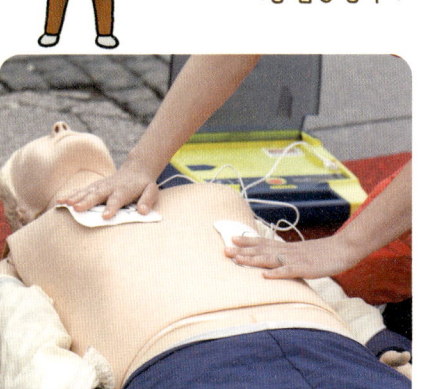
▲ 자동 심장 충격기를 사용하는 모습

COMMENTS

 그래서 지하철역마다 저게 있었구나.
└ 그러게. 불났을 때 쓰는 건 줄 알았는데!
└ 난 낙하산인 줄.^^
└ 어휴, 못 살아!

6교시 | 혈관

팔에 맞은 주사약은 어디로 갈까?

팔에 주사 맞나 봐! 아프겠다.

주사약이 팔에만 머무르면 어떡하지?

"두기야, 표정이 왜 그래? 혹시 어디 아프니?"

"네, 선생님. 목이 부어서 아파요. 아까 병원에 들러서 엉덩이에 주사도 맞고 왔어요."

그러자 장하다가 불쑥 말했다.

"흠, 목이 아픈데 왜 엉덩이에 주사를 맞지?"

"그러고 보니 이상하네! 우리 할머니도 무릎을 수술하고 병원에 계실 때 멀쩡한 손등에 주삿바늘을 꽂고 계셨어."

허영심도 고개를 갸웃거리자 용선생이 활짝 웃었다.

 혈관에 여러 종류가 있다고?

"하하. 엉덩이나 손등에 주사를 맞아도 주사약은 온몸

으로 퍼진단다. 엉덩이나 팔에 있는 혈관으로 주사약이 들어와 혈액에 섞이거든."

"주사약이 혈관으로요?"

"응! 그런데 그거 아니? 엉덩이 주사와 손등에 맞는 주사는 주사약이 들어가는 혈관이 다르단다."

"어? 몸속의 혈관이 다 같은 게 아니었어요?"

"그럼. 지난 시간에 심장에서 나가는 혈관은 동맥, 심장으로 들어가는 혈관은 정맥이라고 했지? 혈관에는 동맥과 정맥 말고 모세 혈관도 있어."

나선애가 노트를 뒤적이더니 말했다.

"폐포를 둘러싼 가느다란 혈관이 모세 혈관 맞죠?"

"잘 기억하고 있구나. 머리카락보다도 훨씬 가느다란 모세 혈관은 폐포뿐 아니라 온몸에 그물처럼 퍼져서 동맥과 정맥 사이를 연결하고 있어. 대부분 맨눈으로 보기 힘들고 현미경으로나 보이지."

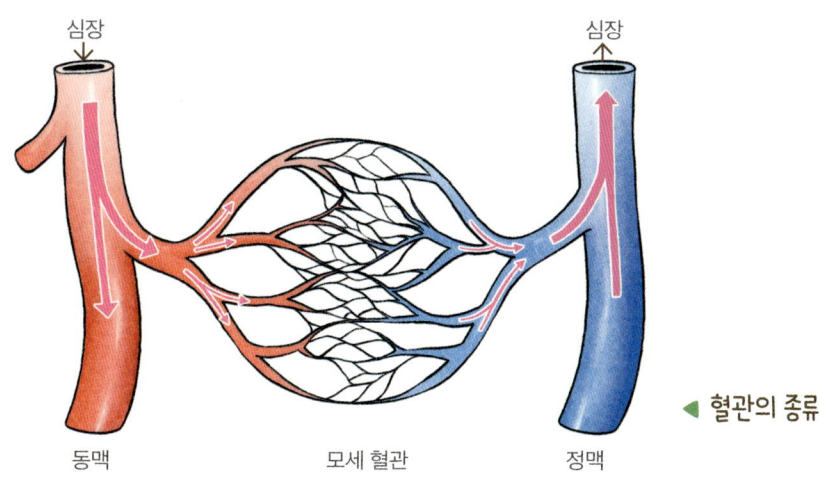

◀ 혈관의 종류

"그렇군요. 동맥은 심장에서 나가는 혈액이 흐르는 혈관이었죠?"

"맞아. 그런데 동맥이나 정맥의 한자 뜻은 혈액이 흐르는 방향과 아무 상관 없는 거 아니? 동맥의 '동'은 '움직일 동(動)', 정맥의 '정'은 '고요할 정(靜)'이라는 한자야."

"왜 그렇게 이름을 지었어요?"

"그건 혈관의 특징을 따서 이름 지었기 때문이지."

"동맥과 정맥은 특징이 어떻게 다른데요?"

"먼저 동맥부터 알아보자. 동맥은 심장에서 강하게 뿜어낸 혈액이 매우 빠르게 흘러. 그래서 움직일 동(動) 자를 사용해 이름을 붙였어. 동맥의 생김새를 좀 보렴."

아이들이 화면을 가리키며 말했다.

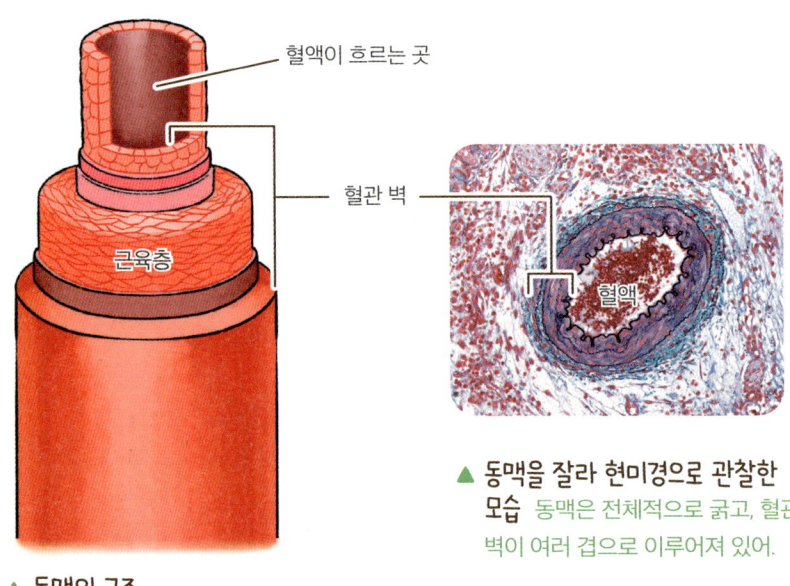

▲ 동맥의 구조

▲ 동맥을 잘라 현미경으로 관찰한 모습 동맥은 전체적으로 굵고, 혈관 벽이 여러 겹으로 이루어져 있어.

"와, 이게 동맥이에요? 벽이 여러 겹이네요."

"저걸 근육층이라고 하나요?"

"응. 동맥의 혈관 벽에는 두꺼운 근육층이 있어서 혈관 벽이 두껍고 탄력 있어. 그래서 동맥은 심장이 수축하여 강하게 뿜어내는 혈액이 흐르는 걸 견딜 수 있지. 또, 혈관 전체의 굵기도 굵은 편이야. 심장과 바로 연결된 동맥을 잘라서 본다면 100원짜리 동전만 하단다."

곽두기가 손을 들고 물었다.

"동맥은 모두 다 굵은가요?"

"그건 아니야. 심장에서 나온 동맥은 여러 번 작은 갈래로 갈라지면서 점점 가늘어지다가 결국 모세 혈관으로 이어져. 그리고 모세 혈관은 개울이 모여 강이 되듯 합쳐져 정맥으로 이어지지."

"모세 혈관이 동맥과 정맥을 연결해 주는군요? 마치 다리처럼요."

"하하, 그렇지."

용선생의 과학 현미경

동맥은 심장 박동에 의해 일정한 간격으로 떨리는데, 이걸 맥박이라고 해. 손목을 눌러 보면 맥박을 느낄 수 있어.

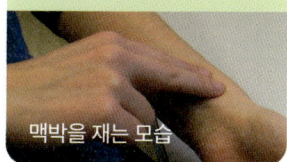

맥박을 재는 모습

핵심정리

혈관에는 동맥, 정맥, 모세 혈관이 있어. 동맥은 심장에서 나가는 혈액이 흐르는 혈관으로, 혈액이 빠르게 흘러. 동맥은 전체적으로 굵고, 혈관 벽은 두껍고 탄력 있어.

 혈액이 거꾸로 흐르는 걸 막으려면?

"모세 혈관이 모여 정맥으로 가니까 정맥도 동맥처럼 굵겠네요?"

"맞아. 정맥과 동맥의 혈관 전체의 굵기는 비슷해. 그런데 정맥은 심장에서 혈액을 뿜어내는 힘이 동맥처럼 강하게 전달되지 않아. 그러니 정맥은 동맥처럼 혈관의 벽이 두꺼울 필요가 없어. 혈관 벽이 얇은 만큼 혈액이 흐르는 공간도 훨씬 넓지. 그래서 정맥은 동맥보다 혈액이 느리게 흘러."

"아하, 그래서 고요할 정(靜) 자를 쓰는군요?"

"그렇단다. 정맥과 동맥을 함께 보면 확실하게 차이가 느껴질 거야. 이 그림을 보렴."

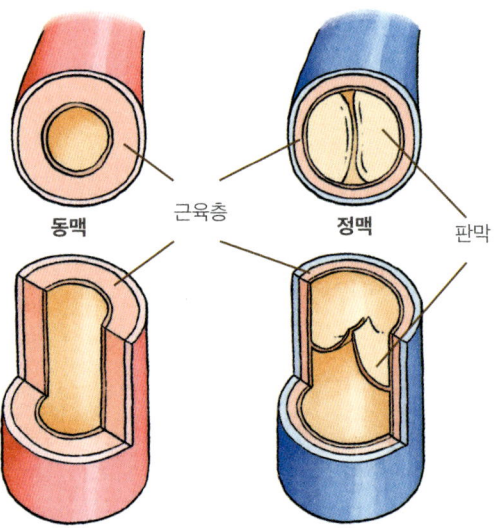

▲ **동맥과 정맥의 비교** 동맥과 정맥은 근육층 두께가 달라서 혈관 벽 두께도 달라.

"정말 전체 굵기는 비슷한데, 혈관 안쪽에 혈액이 흐르는 공간은 정맥이 훨씬 넓네요."

그때 허영심이 놀란 눈으로 화면을 가리켰다.

"어? 정맥 안에 있는 건 뭐예요?"

"그건 판막이야."

"판막은 심장에 있는 건데, 정맥에도 있어요?"

"오호, 기억력이 좋은걸? 심장에 있는 판막이 어떤 일을 하는지도 기억하니?"

왕수재가 재빨리 대답했다.

"혈액이 거꾸로 흐르는 걸 막아서, 한 방향으로만 흐르게 하죠!"

"앗, 한발 늦었다! 나도 알고 있었는데……."

용선생은 아쉬워하는 장하다의 머리를 쓰다듬으며 말을 이었다.

"다들 잘 알고 있네. 정맥에 있는 판막도 심장에 있는 판막처럼 혈액이 거꾸로 흐르는 걸 막아. 정맥은 심장이 혈액을 뿜어내는 힘도 받지 못하고 혈액도 천천히 흐른다고 했지? 그래서 다리처럼 혈액이 아래에서 위를 향해 흐르는 곳에서는 혈액이 거꾸로 흐를 수도 있어. 이때 판막이 닫혀서 혈액이 거꾸로 흐르지 않게 막는단다."

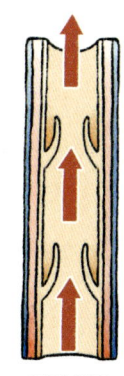 

판막 열림　판막 닫힘

▲ 정맥 속 판막은 열렸다 닫혔다 해.

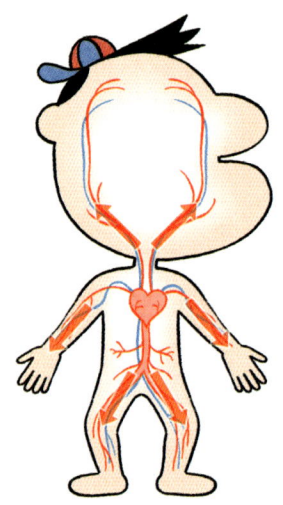
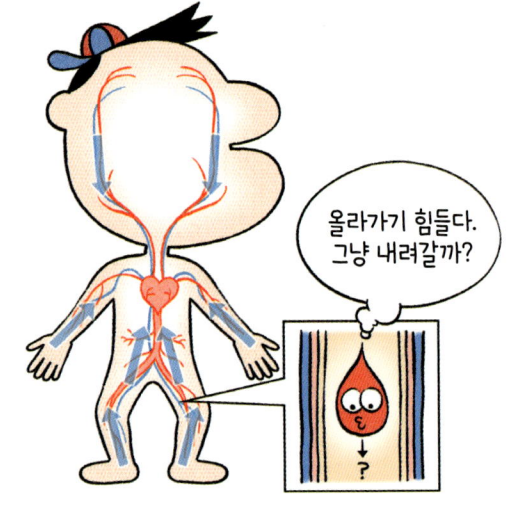

▲ **동맥에서 혈액이 흐르는 방향** 심장에서 강하게 혈액을 뿜어서 온몸으로 혈액이 빠르게 흘러.

▲ **정맥에서 혈액이 흐르는 방향** 팔다리 등 심장보다 아래에 있는 부분에서는 혈액이 심장을 향해 흐르기 힘들어.

"어? 동맥도 심장에서 머리 쪽으로 갈 때에는 아래에서 위를 향하니까 피가 거꾸로 흐를 수도 있는데, 왜 판막이 없어요?"

"동맥은 혈액을 밀어내는 힘이 강하고 혈액이 빠르게 흐르니까 위쪽으로도 문제없이 혈액이 흘러. 그러니 동맥에는 판막이 필요 없단다."

"정맥에는 판막이 꼭 있어야 하고요."

"응. 하지만 판막은 혈액이 거꾸로 흐르는 걸 막을 뿐, 다리 쪽 정맥의 혈액이 위로 흐르게 하진 못해."

 용선생의 과학 현미경

책상에 앉아 있거나 비행기를 탔을 때처럼, 한자리에서 다리 근육을 움직이지 않고 오래 있으면, 정맥의 혈액이 밀려 올라가지 않고 판막에 고여서 다리가 부어.

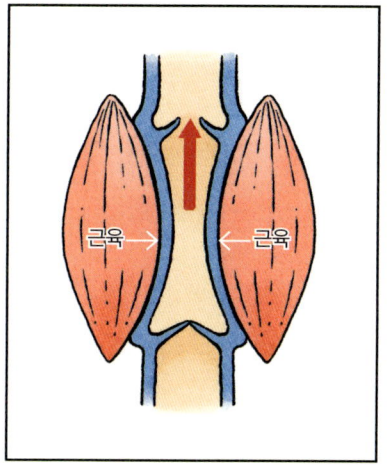 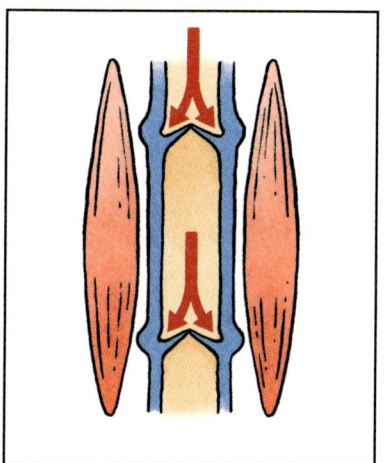

근육이 수축하여 정맥을 누르면, 판막이 열리면서 혈액이 밀려 올라가. 근육이 이완하여 정맥을 누르는 힘이 사라지면, 판막이 닫혀.

▲ 다리 쪽 정맥에서 근육이 수축하여 혈액이 흐르는 모습

"잉? 그러면 어떻게 해요?"

"주변에 있는 근육의 도움을 받아야 한단다. 다리에 있는 근육들이 수축해서 정맥을 세게 누르면 정맥 속 판막이 열리면서 혈액이 밀려 올라가."

곽두기가 다리를 만지작거리며 말했다.

"전혀 모르고 있었는데, 정맥에서 그런 일이 일어나고 있군요!"

핵심정리

정맥은 심장으로 들어가는 혈액이 흐르는 혈관이야. 혈액을 밀어내는 힘이 약해서 혈액이 거꾸로 흐르는 걸 막기 위해 판막이 있어. 정맥 속 혈액은 주변 근육의 도움을 받아 심장 쪽으로 흘러.

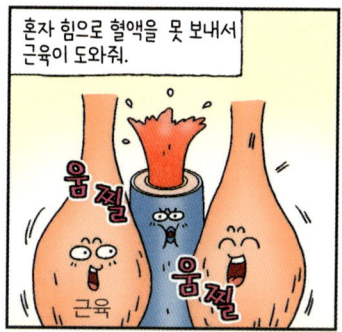
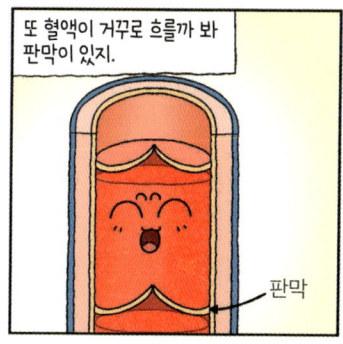

 온몸의 세포와 만나는 혈관은?

"이제 마지막으로 모세 혈관에 대해 알아보자. 모세 혈관은 머리카락보다도 가늘다고 했지? 모세 혈관의 굵기는 $\frac{1}{100}$ mm 정도에 불과해. 심장 근처에서 100원짜리 동전만 한 굵기의 동맥을 흐르던 혈액이 모세 혈관에 오면 머리카락보다 가는 관으로 흘러야 하지."

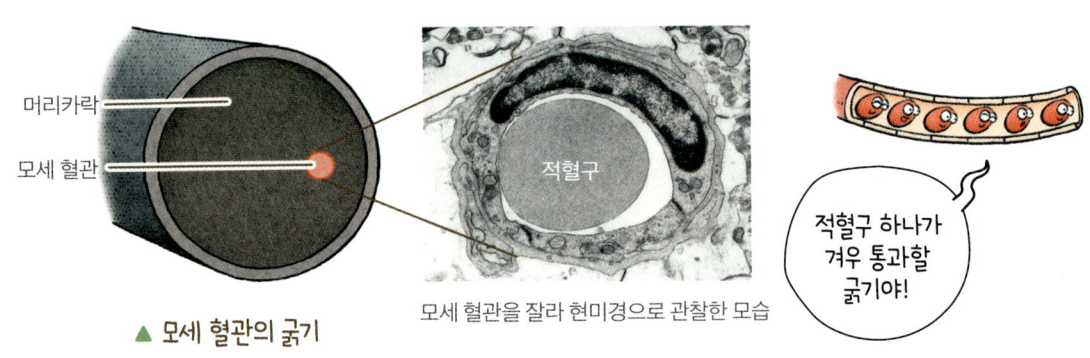

▲ 모세 혈관의 굵기

모세 혈관을 잘라 현미경으로 관찰한 모습

적혈구 하나가 겨우 통과할 굵기야!

"그럼 동맥을 흐르던 많은 혈액이 어떻게 지나가요?"

"모세 혈관 하나하나는 가늘지만 온몸에 수많은 갈래로 나뉘어 뻗어 있어서 충분히 많은 혈액이 지나갈 수 있어. 참고로, 동맥에서는 1초 동안 50 cm를 움직이던 혈액이 모세 혈관에서는 1초에 0.5 mm 정도만 움직여."

장하다가 머리를 절레절레 흔들었다.

"진짜 느리게 움직이네요!"

"게다가 혈관 벽이 여러 겹인 동맥이나 정맥과 달리 모세 혈관의 벽은 한 겹뿐이고 벽에는 작은 틈도 있어."

"헉, 자칫하면 피가 혈관 밖으로 새어 나오겠어요."

"맞아. 어딘가에 부딪혀 멍이 생긴 경험이 있지? 그게 바로 모세 혈관이 터져 혈액이 세포 사이로 스며든 거야."

"모세 혈관의 벽이 얇은 까닭이 따로 있나요? 두꺼우면 멍도 안 들 텐데……."

"모세 혈관은 주변 세포들과 물질을 주고받는 일을 하거든. 그러려면 혈관 벽이 얇아야 하지."

용선생은 화면을 바꾸며 말을 이었다.

"모세 혈관 속 혈액에 있던 산소와 영양소는 혈관의 얇은 벽과 그 벽에 있는 작은 틈을 통해 주변 세포로 빠져나가. 세포에서는 이산화 탄소와 노폐물이 혈액 속으로 빠져나오지. 결국 모세 혈관 벽으로 혈액과 세포들이 여러 물질

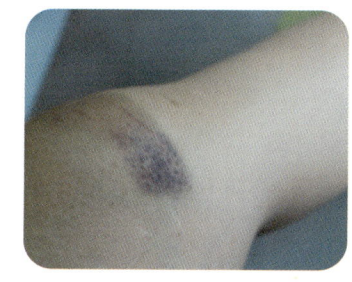

▲ 무릎에 생긴 멍

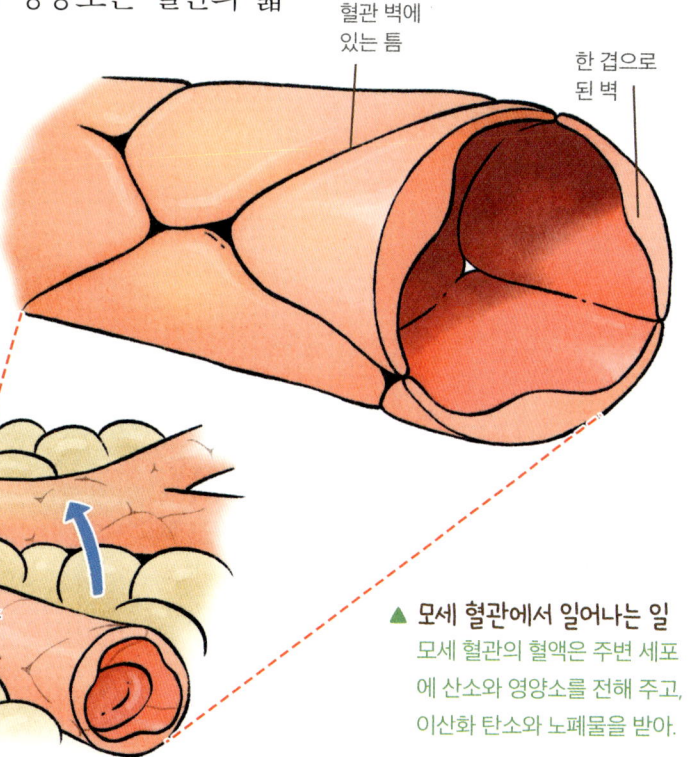

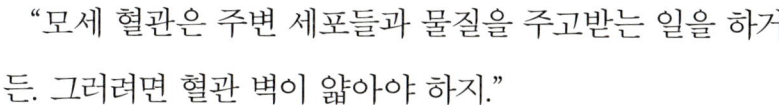

▲ 모세 혈관에서 일어나는 일
모세 혈관의 혈액은 주변 세포에 산소와 영양소를 전해 주고, 이산화 탄소와 노폐물을 받아.

을 교환하는 셈이란다."

"오호, 그렇다면 동맥이나 정맥은 주변 세포와 물질을 교환하지 않나요?"

"응. 혈액의 가장 중요한 역할이 세포에 필요한 물질을 운반해 주고, 필요 없는 물질을 받아 오는 건데 그 일이 다 모세 혈관에서 일어나."

"모세 혈관은 굉장히 중요한 일을 하네요."

"이렇게 중요한 일을 하는 모세 혈관은 몸속 곳곳에 퍼져 있어. 우리 몸속에 있는 모세 혈관을 한 줄로 연결하면 지구를 한 바퀴 이상 돌 수 있단다. 또 세포와 닿는 모세 혈관의 전체 넓이는 축구장 하나 크기에 달하지!"

그때 곽두기가 불쑥 일어나 물었다.

"선생님, 그러면 제가 오늘 엉덩이에 맞은 주사는 어느 혈관에 놓은 건가요?"

모세 혈관의 전체 길이   모세 혈관의 전체 넓이

"참, 그걸 알아보려고 했었지? 엉덩이에는 근육이 많은데, 근육 주변에는 모세 혈관이 아주 많단다. 엉덩이에 주사를 맞으면 주사약은 근육 주변 모세 혈관으로 들어가서 혈액에 섞여. 그리고 정맥을 거쳐 심장으로 갔다가 동맥을 타고 온몸으로 이동하지."

"그러면 손등에 맞는 주사는요?"

"그건 정맥에 놓는 주사야. 손등이나 팔 안쪽에 푸른색으로 뚜렷하게 보이는 게 바로 정맥이란다. 정맥에 놓은 주사약은 곧장 심장을 거쳐

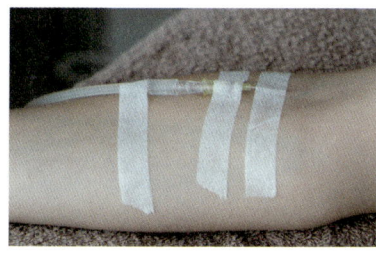
▲ 팔 정맥에 놓은 주사

동맥을 타고 온몸으로 퍼져. 그래서 정맥에 주사를 놓으면 약 효과가 빨리 나타나. 이제 차이를 알겠지?"

"네. 혈관에 대해서 배우고 나니 주사 맞는 게 덜 무서워졌어요!"

"하하, 그렇게 생각한다니 다행인걸? 그럼 오늘 수업은 여기까지!"

 핵심정리

> 모세 혈관은 동맥과 정맥을 연결하는 매우 가느다란 혈관이야. 우리 몸의 세포에 산소와 영양소를 전해 주고, 이산화 탄소와 노폐물을 받아.

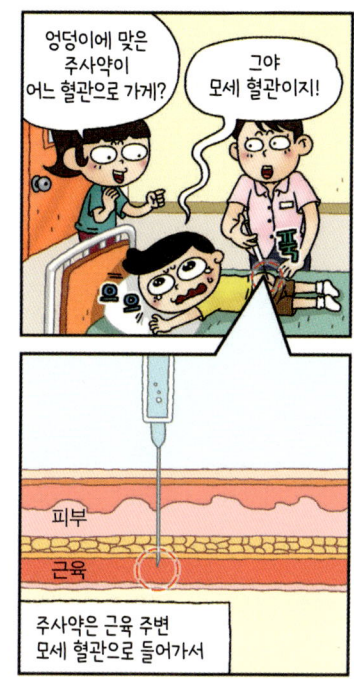

나선애의 정리노트

1. ⓐ [   ]

   ① 심장에서 나가는 혈액이 흐르는 혈관

   ② 혈관 벽이 두껍고 탄력 있으며, 혈액이 매우 빠르게 흐름.

2. ⓑ [   ]

   ① 심장으로 들어가는 혈액이 흐르는 혈관

   ② 동맥보다 혈관 벽이 덜 두껍고, 혈액이 느리게 흐름.

   ③ 혈관 안에 ⓒ [   ] 이 있고, 주변 근육이 움직여 혈액이 심장을 향해 흐름.

3. 모세 혈관

   ① 동맥과 정맥을 연결하는 혈관

   ② 혈관 벽이 얇고, 혈관이 가늘며, 혈액이 가장 느리게 흐름.

   ③ 주변 ⓓ [   ] 에 산소와 영양소를 전해 주고, 이산화 탄소와 노폐물을 받음.

동맥   모세 혈관   정맥

ⓐ 동맥 ⓑ 정맥 ⓒ 판막 ⓓ 세포

과학퀴즈 달인을 찾아라!

●정답은 115쪽에

01

친구들이 이번 시간에 배운 내용에 대해 이야기하고 있어. 옳으면 O, 옳지 않으면 X를 표시해 줘.

① 동맥은 심장에서 뿜어낸 혈액이 빠르게 흘러. (　　)
② 정맥 속 판막은 혈액이 거꾸로 흐르는 걸 막아 줘. (　　)
③ 엉덩이에 주사를 맞으면 동맥으로 주사약이 들어가. (　　)

02

곽두기가 모세 혈관을 찾고 있어. 모세 혈관에 대한 옳은 설명을 따라가면 찾을 수 있대. 곽두기를 도와줘!

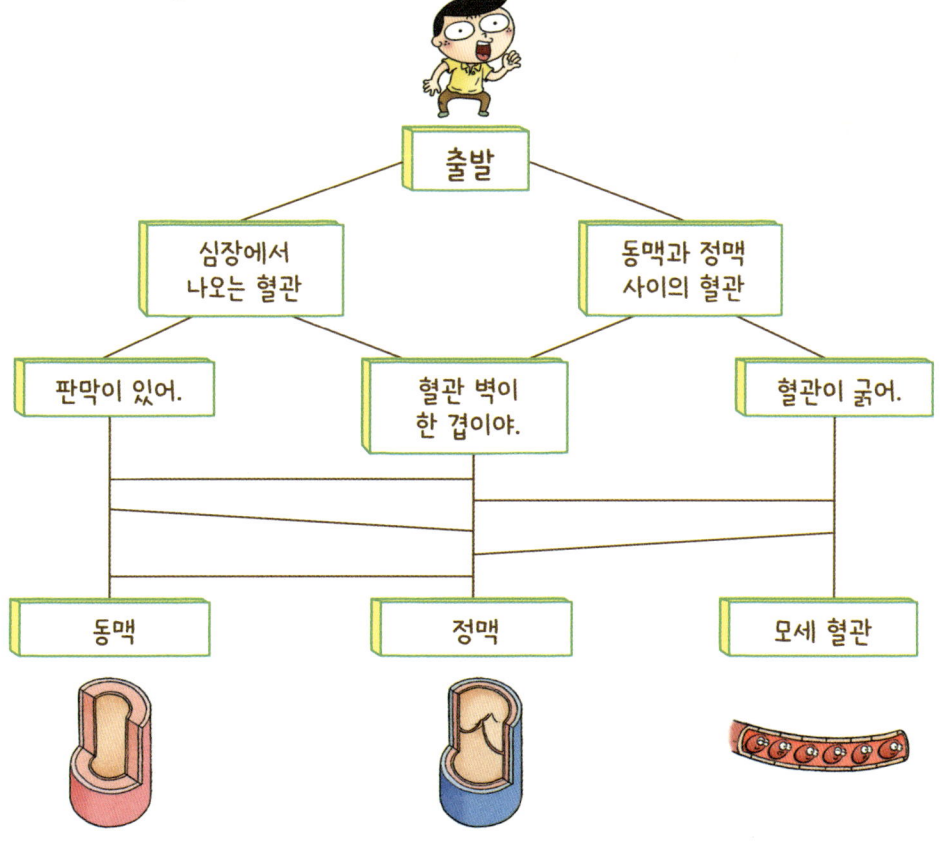

가로세로 퀴즈

호흡과 순환에 관한 가로세로 퀴즈야. 빈칸을 채워 봐.
띄어쓰기는 무시해도 돼.

가로 열쇠

① 가슴과 배 사이에 있는 근육으로 횡격막이라고도 부름.
② 기관에서 좌우로 나뉘어 폐 속에 뻗어 있는 수천 개의 가지
③ 머리카락보다 가늘고, 혈관의 벽이 얇으며, 혈액이 가장 느리게 흐르는 혈관
④ 들숨보다 날숨에 많고, 석회수를 뿌옇게 만드는 기체
⑤ 흉강을 둘러싸고 있는 근육이 움직여 폐에 공기가 드나드는 ○○ ○○이 일어남.
⑥ 산소를 운반하는 혈액 속의 세포
⑦ 이산화 탄소가 많은 혈액이 심장에서 폐로 가서 산소가 많은 혈액이 되어 심장으로 돌아오는 과정

세로 열쇠

❶ 우리 몸에서 숨을 내쉬고 들이쉬는 호흡을 담당하는 부분들을 통틀어 부르는 말
❷ 혈액 속에 있는 산소는 세포에서 ○○○를 만드는데 쓰임.
❸ 심장 속이나 정맥 속에서 혈액이 거꾸로 흐르는 걸 막는 부분
❹ 세포에서 영양소와 산소를 써서 에너지를 만드는 과정
❺ 혈구 중 하나로, 상처가 난 곳의 혈액을 굳게 만듦.
❻ 폐에서 공기 속 ○○는 혈액 속으로 이동함.
❼ 산소가 풍부하고, 동맥에 흐르는 혈액
❽ 폐를 이루는 작고 얇은 공기 주머니

●정답은 115쪽에

교과서 속으로

교과서에서는 어떻게 배울까?

초등 6학년 2학기 과학 | 우리 몸의 구조와 기능

숨을 쉴 때 우리 몸에서는 어떤 일이 일어날까?

- **호흡**
  - 숨을 들이마시고 내쉬는 활동을 호흡이라고 한다.
  - 코, 기관, 기관지, 폐 등을 호흡 기관이라고 한다.

- **호흡 기관이 하는 일**
  - 숨을 들이마실 때 코로 들어온 공기는 기관, 기관지, 폐를 거쳐 우리 몸에 필요한 산소를 공급한다.
  - 숨을 내쉴 때 몸속 공기는 폐, 기관지, 기관, 코를 거쳐 몸 밖으로 나간다.

 공기에 있는 더러운 걸 걸러낸 게 코딱지랑 가래야!

초등 6학년 2학기 과학 | 우리 몸의 구조와 기능

혈액은 우리 몸에서 어떻게 이동할까?

- **순환 기관**
  - 혈액의 이동에 관여하는 심장과 혈관을 순환 기관이라고 한다.

- **순환 기관이 하는 일**
  - 심장은 펌프 작용으로 혈액을 온몸으로 내보낸다.
  - 혈액은 혈관을 따라 이동하며 우리 몸에 필요한 영양소와 산소를 온몸으로 운반한다.

 심장이 '쿵쾅쿵쾅' 뛰어야 살 수 있어.

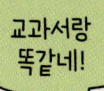

중 2학년 과학 | 동물과 에너지

우리 몸의 호흡

- **호흡 운동**
    - 폐는 폐포로 이루어져 있고, 흉강 속에 있으며, 스스로 움직일 수 없다.
    - 갈비뼈와 가로막이 움직여서 폐 속으로 공기가 드나드는 호흡 운동이 일어난다.
- **기체 교환**
    - 폐 : 산소는 폐포에서 모세 혈관으로, 이산화 탄소는 모세 혈관에서 폐포로 이동한다.
    - 세포 : 산소는 모세 혈관에서 세포로, 이산화 탄소는 세포에서 모세 혈관으로 이동한다.

 중학교에 가서 배울 걸 미리 알아버렸네!

중 2학년 과학 | 동물과 에너지

우리 몸의 순환

- **혈액과 혈관**
    - 혈액 : 혈구와 혈장으로 이루어져 있으며, 순환 기관을 통해 이동하면서 운반 작용, 방어 작용, 조절 작용을 한다.
    - 혈관 : 동맥, 정맥, 모세 혈관이 온몸에 뻗어 혈액이 흐르는 통로가 된다.
- **심장**
    - 심방 두 개와 심실 두 개로 이루어져 있으며, 판막이 있다.
    - 주기적인 수축과 이완에 의한 심장 박동 과정을 통해 혈액을 온몸으로 순환시킨다.

 심장과 폐 사이에 혈액이 오가는 건 폐순환이야!

찾아보기

가로막 34-40, 42, 65
갈비뼈 35-39, 42
공기 13-26, 28-29, 33, 35-36, 38-40, 42, 44-45, 50, 52-55, 57-58, 74
근육 34-36, 40-42, 51, 80, 84, 86, 89-90, 92, 98-100, 102-103, 107-108
기관(器官) 13, 49, 79
기관(氣管) 17-21, 25-26, 28, 36-37, 44-45, 52
기관지 19-21, 25-26, 28, 44, 52
날숨 53-55, 67
노폐물 67-69, 72, 86, 105, 107-108
단백질 49, 68
동맥 87-88, 97-100, 102-108
동맥혈 87-90
들숨 53-54, 57
모세 혈관 23-26, 50, 53, 97-100, 104-108
목구멍 17-19, 45
백혈구 64-67, 69-70, 72
비장 65, 74-75
산소 22-26, 40-41, 44, 48-58, 64-65, 68-69, 72, 74, 86-88, 105, 107-108
석회수 53-54
세균 14, 16, 19-21, 29, 66-69, 72
세포 49-53, 55-56, 58, 63-69, 72,
74, 86-87, 104-108
세포 호흡 50-51, 55, 58
수축 82-86, 90, 99, 103
수혈 69-71
순환 기관 79, 81
식도 17-19, 21
심방 80-84, 87-88, 90, 92
심실 80-88, 90
심장 35, 49, 78-90, 92-93, 97-104, 107-108
심장 박동 82-83, 85-86, 90, 92, 99
심폐 소생술 85-86, 93
알부민 68
에너지 49-52, 55-58, 67, 70, 72
영양소 49-50, 52, 55-56, 58, 67-69, 72, 86, 105, 107-108
온몸 순환 88-90
이산화 탄소 23, 25-26, 50-55, 57-58, 68, 72, 86-88, 105, 107-108
이완 82-83, 86, 90, 103
적혈구 64-67, 70, 72, 74-75, 104
전기 신호 92
정맥 87-88, 92, 97-103, 105-108
정맥혈 87-90
체온 15, 68-69, 72
코 12-18, 21, 25-26, 28-29, 36-37, 44-45, 52
코털 14, 16
콧구멍 14, 16
콧물 14, 16, 29
판막 80-82, 90, 100-103, 108
폐 17-26, 33-42, 44-45, 50-52, 55, 58, 64, 74, 79, 84-90
폐순환 88-90
폐포 21-26, 35, 50-53, 58, 87-88, 97
폐활량 40-41, 74
헌혈 62-63, 69-71
혈관 23, 25, 50, 65-66, 68, 79-81, 83, 87-88, 96-101, 103-108
혈구 63-65, 67
혈소판 64-65, 67, 69-72
혈액 23, 25, 50-52, 55-56, 58, 63-72, 74, 79, 81-90, 93, 97-108
혈장 63-65, 67-72
호흡 기관 13, 25-26, 28, 44, 51, 58
호흡 운동 35-36, 38-39, 42
횡격막 34
흉강 35-42, 79

퀴즈 정답

1교시

01 ① O ② O ③ X

02

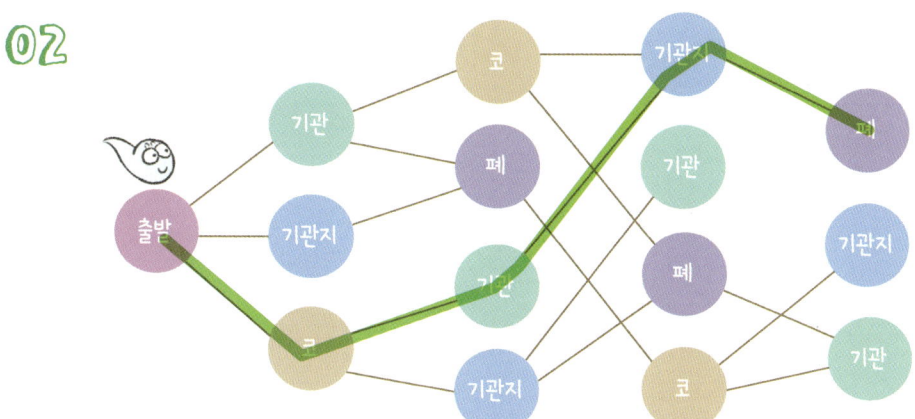

2교시

01 ① O ② X ③ O

02 ① 갈비뼈 ② 가로막 ③ 흉강

가	위	원	소
세	로	두	갈
기	천	막	비
흉	강	대	뼈

3교시

01 ① X ② O ③ O

02

> **보기**
> 산소는 (폐)에서 혈액으로 이동하여 몸속 여행을 시작해.
> 혈액이 몸속 (세포)와 만나면, 산소는 (혈액)에서 세포로 이동하여
> (에너지)를 만드는 데 쓰여.

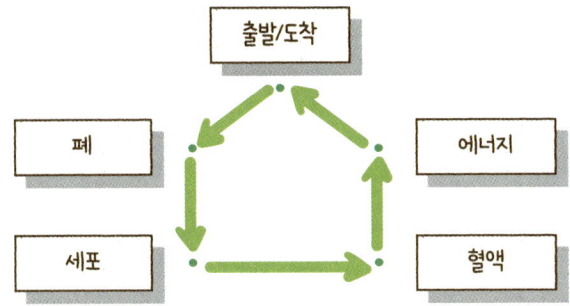

4교시

01 ① X ② O ③ X

02

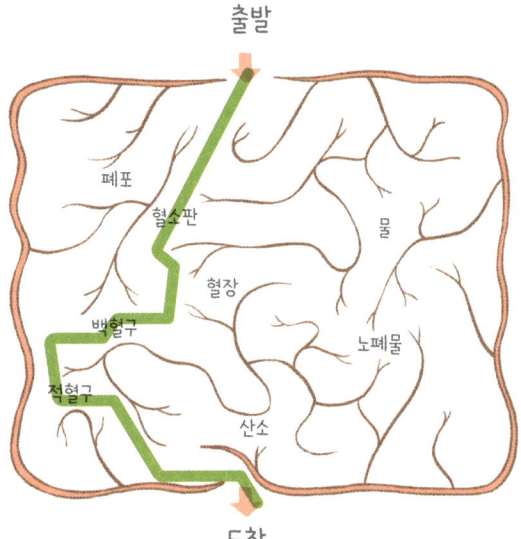

5교시

01 ① ○   ② ✕   ③ ○

02

<아래 글에서 □에 들어갈 글자를 적으시오.>

온몸을 돌고 오른쪽 심<u>방</u>으로 들어온 정맥혈은
오른쪽 심<u>실</u>을 거쳐 폐로 가서 동맥혈이 돼.
동맥혈은 왼쪽 심<u>방</u>으로 돌아온 다음
왼쪽 심<u>실</u>에서 뿜어져 나가서 다시 온몸을 돌아.

👍 정답은 방 실 방 실 이야!

6교시

01 ① ○   ② ○   ③ ✕

02

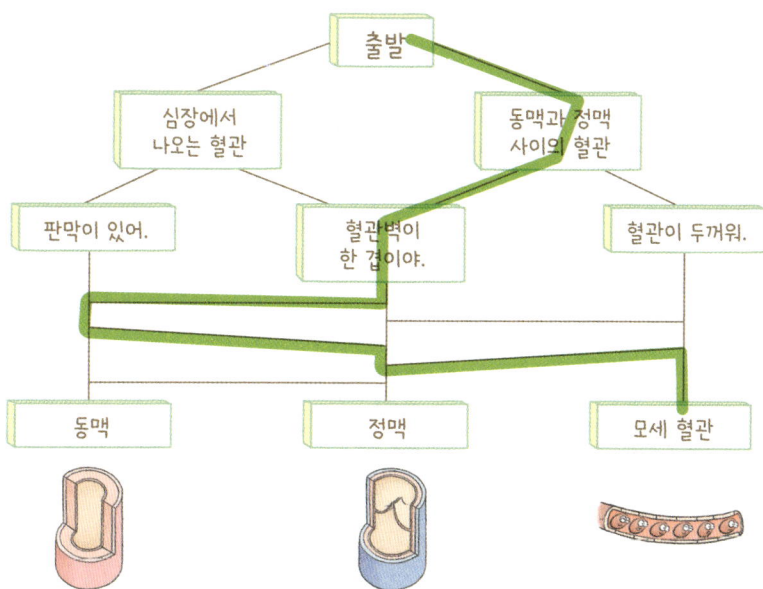

가로세로 퀴즈

			❶호		❷에				❸판
			흡		너		①가	로	막
			②기	관	지				
③모	❹세	혈	관						
	포							❺혈	
	호				④이	❻산	화	탄	소
⑤호	흡	운	❼동		소			판	
			맥						
		⑥적	혈	구		⑦❽폐	순	환	
						포			

일러두기

- 맞춤법과 띄어쓰기는 국립국어원에서 펴낸 《표준국어대사전》을 따랐습니다.
- 과학 용어 표기는 《2015 개정 교육과정에 따른 교과용도서 개발을 위한 편수자료Ⅲ 기초과학, 정보 편》을 따랐습니다.
- 이 책에 실린 사진은 저작권자로부터 사용 허가를 받았습니다. 저작권자와 접촉하기 위해 최선을 다했으나 불가피한 사정으로 사용 허가를 받지 못한 일부 사진에 대해서는 저작권자와 연락이 닿는 대로 게재 허락을 받고 사용료를 지불하겠습니다.
- 이 책에 실린 그림의 저작권은 별도의 표기가 없는 한 사회평론에 있습니다.

사진 제공

20쪽: Alamy Stock Photo | 36-37쪽: 포토마토 | 53-54쪽: 포토마토 | 75쪽: Imagine china | 80쪽: AGE Foto Stock | 87쪽: Wesalius(wikimedia commons_CC3.0) | 93쪽: 포토마토 | 94쪽: Science Photo Library | 99쪽: Pia von Lützau(wikimedia commons_CC3.0) | 104쪽: Science Photo Library | 그 외: 셔터스톡

용선생의 시끌벅적 과학교실 | 호흡과 순환

1판 1쇄 발행	2020년 10월 28일
1판 7쇄 발행	2025년 2월 24일
글	설정민, 김형진, 이명화, 이현진
그림	조현상(매드푸딩스튜디오), 뭉선생, 윤효식
감수	박재근
캐릭터	이우일
어린이사업본부	이승필
책임편집	이건혁
편집	정세민, 이명화, 홍지예, 김미화, 최예리, 윤성진
마케팅	윤영채, 정하연, 안은지, 박찬수
경영지원본부	나연희, 주광근, 오민정, 정민희, 김수아, 김승현
아트디렉터	강찬규
디자인	디자인서가
사진	포토마토
펴낸이	윤철호
펴낸곳	(주)사회평론
전화	02-326-1182
팩스	02-326-1626
주소	03993 서울시 마포구 월드컵북로6길 56 사평빌딩
출판등록	1993년 10월 6일 제 10-876호

ⓒ 사회평론, 2020

ISBN 979-11-6273-130-7 73400

- 이 책 내용의 일부나 전부를 다시 사용하려면 저작권사와 사회평론의 동의를 받아야 합니다.
- 잘못 만들어진 책은 바꾸어 드립니다.

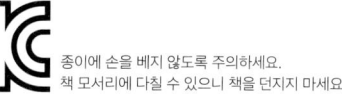
종이에 손을 베지 않도록 주의하세요.
책 모서리에 다칠 수 있으니 책을 던지지 마세요.